第三方交易平台的形成与演进

尹晓娟　著

中国财富出版社有限公司

图书在版编目（CIP）数据

第三方交易平台的形成与演进／尹晓娟著.—北京：中国财富出版社有限公司，2023.9

ISBN 978－7－5047－7985－4

Ⅰ.①第… Ⅱ.①尹… Ⅲ.①市场交易 Ⅳ.①F713.50

中国国家版本馆 CIP 数据核字（2023）第 192720 号

策划编辑	谷秀莉	责任编辑	邢有涛 刘康格	版权编辑	李 洋
责任印制	尚立业	责任校对	卓闪闪	责任发行	杨 江

出版发行	中国财富出版社有限公司	
社 址	北京市丰台区南四环西路 188 号 5 区 20 楼	**邮政编码** 100070
电 话	010－52227588 转 2098（发行部）	010－52227588 转 321（总编室）
	010－52227566（24 小时读者服务）	010－52227588 转 305（质检部）
网 址	http://www.cfpress.com.cn	**排 版** 宝蕾元
经 销	新华书店	**印 刷** 北京九州迅驰传媒文化有限公司
书 号	ISBN 978－7－5047－7985－4/F·3607	
开 本	710mm×1000mm 1/16	**版 次** 2023 年 12 月第 1 版
印 张	9.5	**印 次** 2023 年 12 月第 1 次印刷
字 数	150 千字	**定 价** 68.00 元

前　言

近年来，随着现代信息技术的发展，虚拟交易平台的数量和影响力爆炸式增长，出现了淘宝、京东、亚马逊等具有寡头垄断性质的互联网交易平台。这些基于互联网的虚拟交易平台的出现，极大地降低了交易成本，满足了各种类型消费者的消费需求，对于提高消费者的消费体验产生了重要的影响。其中，不少平台企业通过组织模式和商业模式创新在实践中取得了骄人的成绩，其展现出来的崭新商业理念和组织特征引起了众多学者的关注。

近年来，学界关于平台经济的研究逐渐增多，多数学者都将平台视为21世纪的新生事物，对其在经济活动中展现出来的新的组织特征、竞争模式等展开研究。然而，本书认为，平台并非一个新生事物。事实上，在现实生活中存在着众多平台形式，从古代集市到现代商圈、证券交易所、产权交易中心，再到基于互联网的虚拟交易平台，这些交易中介都是为买卖双方提供交易场所和交易服务的，它们在本质上都具有共同的平台特征，故本书将它们统称为"第三方交易平台"。这些交易平台交易"场所"不同，交易方式、交易流程、交易规则等也有一系列变化。

以往的文献多将传统交易平台和基于互联网的虚拟交易平台分开研究，似乎认为这两者是不同的事物。这给我们带来一个思考：无论是传统交易平台还是基于互联网的虚拟交易平台，都是为了满足市场需求而生，都是市场专业化分工的结果，那其背后的供求逻辑是否发生了变化？能否形成一个统一的分析框架？对此进行深入探讨，是本书的立意所在，也是本书将第三方交易平台研究纳入主流经济理论的一次尝试。

本书尝试从以下几个方面展开研究：

1

首先，在纵向层面上，结合历史发展，通过回归平台的"市场属性"，从市场的组织化需要与专业化分工的角度分析第三方交易平台的产生及其重要作用，按照组织特点的不同将信息技术革命前后第三方交易平台区分为传统交易平台和虚拟交易平台，进而展开比较分析，探寻平台组织的本质特征。

其次，在横向层面上，尝试从市场供求的角度构建第三方交易平台的统一分析框架。第三方交易平台是满足市场需求的专业化分工形式，市场需求是其存在的基础和前提，需求方的决策行为及市场需求的发展变化，直接影响着平台供给方的组织方式和组织行为。对供需双方行为进行分析，可以更深入地理解第三方交易平台的运行机理。

最后，研究信息技术进步对第三方交易平台变革的重要影响，包括外部组织方式优化和内部组织结构改造等，并根据信息技术的最新发展，探讨第三方交易平台的治理问题及其未来发展趋势。

第三方交易平台自产生至今，经历了漫长的发展时期，在不同的行业存在着不同的表现形式且各具特殊性，许多理论问题还需要进一步探讨。本书选择性地以商品的第三方交易平台为研究对象，来研究平台的形成和演进过程，可能不够全面，且基于互联网第三方交易平台多数正处于起步或成长阶段的现实，如果对平台组织进行实证分析，很可能陷入样本不足的困境，因而，本书对平台组织的研究，更多的是对一些基本理论问题进行定性探讨。不足之处在所难免，敬请相关学者和读者批评指正，以利于今后改进。

作　者

2023 年 3 月

目　录

1 绪论

1.1 研究背景

平台是 21 世纪兴起的研究热点，但事实上平台并非一个新生事物，而是古已有之。例如，在古代，人们聚集在某一区域进行货物交易，我们就可以将这一区域（市集）看作商品交易的最初平台形式。随着社会分工和专业化的发展，平台的组织特性逐渐显现，平台成为市场经济发展不可分割的重要组成部分。在人类经济发展的各个历史时期，形成了多种多样的平台组织形式，例如，商圈、证券交易所、产权交易中心、会展中心等。

信息技术革命推动人类社会进入信息时代，信息技术革命以前所未有的方式和力度，影响着人们的工作和生活，引发生产方式、经济活动和社会生活的深刻变革，带来了市场交易环境的变化。

1.1.1 社会环境

信息技术在人类生产生活中广泛应用，不断催生出新业态、新产品等。互联网的飞速发展，尤其是移动互联网的发展，使创造和利用信息的地域限制空前降低，人们的思维模式、生产生活方式也因此发生深刻的变革。

DataReportal 发布的《数字 2021：全球概览报告》显示，截至 2021 年 1 月，全球使用互联网的人数达到 46.6 亿人，比 2020 年同期增加 3.16 亿人，增长 7.3%，全球互联网普及率达 59.5%。人们通过互联网开展学习、工作、购物、娱乐等社会活动。信息技术的迅猛发展在许多领域都产生了革命性的成果，大大拓展了人类认知范围，并以不断加速的态势改写与重塑着人类文

1

明与思维认识的方方面面。

1.1.2　经济环境

近年来，面向互联网的信息技术以信息经济形态在全世界范围内爆发出强大的经济能量，给经济社会带来广泛而深远的影响。信息技术不断创新发展和深入应用，在促进传统业务发展的同时，不断催生新的经济增长点。根据麦肯锡全球研究院的研究报告，2010 年中国的互联网经济占 GDP 的 3.3%，落后于很多发达国家，而到 2017 年 9 月，波士顿咨询公司等发布的报告显示，中国已成为全球互联网经济先锋。

信息通信等新技术的发展，促使产业分工深化，也使全球经济联系更加紧密。在信息技术的影响下，传统制造业以机械化、自动化、规模化为主的生产方式，逐步向数字化、网络化、智能化、服务化转变，生产效率大大提升，商业模式也不断创新，C2M①、柔性生产等新模式层出不穷。

以信息技术为中心的高新技术迅猛发展，促进了经济全球化，生产要素和产品在全球范围内自由流动，市场从一国扩大到世界各地，产业分工不断细化、深化。运输成本持续降低，大规模光缆投资和互联网的扩张，也带来了通信成本的迅速下降。人类贸易活动范围在互联网技术的支持下不断扩展，"地球村"成为现实。

1.1.3　技术环境

信息技术实际上是一系列相关技术的统称，包括"微处理芯片、计算机、通信和网络等硬件技术，以及在硬件基础上发挥作用的各类软件技术"②。信息技术扩展了人们获取、加工、传递、存储和利用信息的功能，尤其是计算机，有着超强的计算能力和控制能力，可以对人的思维过程等进行模拟，这

---

①　Customer to Manufacturer，从消费者到生产者，是用户直连制造商，平台与制造商合作组织产销的一种模式。

②　张勇．"第三次工业革命"的概念是否成立：基于历史唯物主义理论框架的学术史思考［J］．北京行政学院学报，2017（1）．

使信息技术能够在某种程度上代替人类参与社会活动。

从计算机诞生至今，信息技术不断发展、变革。在不同的历史时期，信息技术以不同的形式和角色出现在人们生活和经济活动中。阿里研究院指出，计算机处理能力不断增强，从大型机时代的数据集中化处理到 PC（Personal Computer，个人计算机）时代的分散处理，再到基于互联网的数据传输和交换，最终将走向 DT（Data Technology，数据技术）时代的数据深度应用。以云计算和大数据技术为核心的技术群落的产生和发展，标志着 DT 时代的到来，也意味着信息技术终于有能力以低价格的形式还原、映射、记录和支撑商业世界的运行。

在新的社会、经济、技术环境下，淘宝、美团、拼多多等基于互联网的第三方交易平台兴起，网络交易飞速增长。这些企业不断创新发展并走向成功，在它们的引领下，越来越多的平台型企业创造了成功的传奇。但同时，许多新兴的交易平台由于对组织形式认识上存在偏差而在竞争中落败。在当前形势下，基于传统经济理论的分析框架已经难以解释互联网时代虚拟平台的组织形式，亟待对第三方交易平台的本质及其发展规律进行基础性理论研究，以为中国传统交易平台的转型和虚拟交易平台的发展提供理论支撑，以及为政府提升行业治理能力提供理论参考。

1.2 国内外研究述评与本文研究思路

1.2.1 关于传统交易平台的研究

平台虽然是 21 世纪兴起的研究热点，但事实上，已经有很多学者以某一具体行业或领域的平台如商品交易市场、证券交易所、电子交易市场等作为研究对象进行了相关理论与实践研究。

以中国商品交易市场为例，张群群（1999）指出，交易组织出现的根本原因在于市场组织化的内在需要，交易组织的生成、运行会受到制度环境的检验，主要包括组织生成时的合法性检验和组织运行过程中的合理性检验。

交易组织具有向正规化、一体化结构演变的趋势。

任兴洲（2000）在对中国商品交易市场发展趋势进行分析时指出，我国商品交易市场组织结构呈现多元化发展趋势，一方面，在商品交易市场上出现了资本高度集中、组织规模极大、组织化程度极高的特大型企业；另一方面，在高度分工基础上出现了高度协作、集产供销或农工贸于一体的经营组织，而且形成了综合经营的跨国公司，大型连锁商店、专业店等大量涌现。

洪涛（2013）指出，中国初步形成了期货市场、批发市场、农村集贸市场/城市菜市场三级市场体系，商品交易市场在以下方面发挥了重要作用：引导生产、消费；活跃市场；解决劳动力就业等。随着商品交易市场投资主体的多元化，市场将充分采用以股份制形式为核心的现代企业制度。商品交易市场法人主体化趋势明显，这改变了过去政企不分、政社不分的市场状况。在大量数据资料、实例研究的基础上，其进一步指出，中国商品交易市场具有大型化、专业化、特色化、标准化、多功能化、现代化、外向型、法人主体化等发展趋势。

刘天祥（2017）对中国商品交易市场的类型、属性和运行特征，商品（专业）交易市场演进的逻辑与历史进程，以及商品交易市场运营管理等基本内容进行了研究，指出区域竞争型产业的发展水平、区域消费者的市场需求变化、商品交易的区位优势变化、商品自身因素的变化、区域商业文化的发育与交易制度环境等，能够从不同程度上促进交易条件的改变，进而促使商品交易市场外生交易费用下降，内生交易费用节省、效用水平改进。这些内生或外生变量作用于交易制度，共同构成商品交易市场形成与发展的变量。

任兴洲（2016）从推进供给侧改革的角度，指出商品交易市场应从调整、提升、融合和创新4个方面着手转型发展，调整表现为行业的去产能过程，面对同质化问题严重、互联网和新的交通布局的现实，商品交易市场必须主动适应，寻找新的发展机会，并在管理、营销和标准化建设、信用体系建设方面提升自己。任兴洲指出，互联网不可能完全取代线下的体验服务，线上线下结合起来才有更大的发展空间①。未来商品交易市场的创新将主要体现在多业态的融合、跨界融合、内外贸结合、中西部结合等方面。

作为传统第三方交易平台的主要形态，对商品交易市场存在的理论根源和发展实践进行研究是非常有意义的，这些研究对本书有关第三方交易平台形成、特点、组织发展趋势的分析具有重要的借鉴意义。上述多位学者通过理论分析以及商品交易市场历史发展实践总结，指出企业化经营是市场选择的结果，对提高商品交易市场组织运行效率有重要作用，这也是本书将企业作为平台组织主体展开研究的根源。

1.2.2 关于互联网交易平台的研究

1. 平台的组织特征

平台具有用户的需求互补性、依赖性、多归属行为和网络外部性等组织特征。市场上往往存在需求互补的两类用户（例如，买方和卖方），这两类用户构成平台的两边用户群体，平台企业通过构建平台，为两边用户提供交易促成服务，从而获取价值。

（1）用户的需求互补性、依赖性和多归属行为

平台两边用户群体通过平台开展交易活动，因而存在相互依赖性，例如，买方依赖于卖方获取商品，卖方依赖于买方实现商品销售，如果其中一方在平台上消失了，另一方在平台上是无法开展交易活动的，也就没有继续在平台上存在的必要了，这被产业组织学家称为"鸡蛋相生"问题。因而，企业在构建平台时必须考虑如何吸引并同时留住两边用户。

在现实生活中，交易双方根据自身需要选择加入的平台组织。市场中存在很多功能相似或者可以替代的平台，两边用户中的某一方可能加入一个或者多个平台进行交易，这就出现了用户归属问题，不同的归属情况会对企业的竞争行为产生不同的影响。

---

① 任兴洲. 供给侧结构性改革与商品交易市场的转型发展 [J]. 中国流通经济, 2016, 30 (6).

Armstrong 等（2007）将用户归属情况划分为 3 种类型：①两边用户都是单归属；②一边用户是单归属，另一边用户是多归属；③两边用户都是多归属。Armstrong 等的分类方法存在一个前提假设，即同一边用户会采取同样的归属行为，这种分类方法没有考虑到同一边用户存在不同选择的情况。

Poolsombat 和 Vernasca（2006）对此进行了补充，他们指出同一边用户也可能存在部分多归属行为。

Doganoglu 和 Wright（2006）指出，多归属行为削弱了平台的竞争力，企业在竞争中必须做好应对，由此会产生企业无法内部化的额外成本。

（2）网络外部性和网络效应

在传统经济学中，外部性通常指在现实的经济或者社会活动中，参与者的活动给他人带来的与活动目的非直接相关的有利或者不利影响。在网络系统中出现的外部性，通常被称为网络外部性。网络外部性广泛地存在于平台交易、银行卡应用、电子游戏等众多领域，对用户行为及平台竞争策略有重要影响。在平台中，两边用户虽然在交互过程中能够产生外部性，却难以获得外部性的好处，只能通过平台提供的服务来获得这些外部性效用（Rochet et al.，2006）。例如，在 B2C 电子商务市场中，消费者和商户都有交易意愿，每一方的参与都会给另一方带来正的外部性，但是由于高昂的交易成本，双方都难以吸收这些外部性效用，而淘宝之类第三方交易平台的出现，为两边用户提供了交易空间和信息技术支持，使得交易便于实现，交易双方都能从中获得外部性效用。

对于用"网络外部性"一词来描述平台特征，有的学者提出了不同的观点。

闻中和陈剑（2000）对网络效应与网络外部性进行了区分，他们认为用"网络效应"一词来描述平台特征更为合适。"只有当市场参与者不能把网络效应内化（Internalize），即网络效应不能通过价格机制进入收益或成本函数的时候，网络效应才可以被称为网络外部性"[1]。

---

[1]　闻中，陈剑．网络效应与网络外部性：概念的探讨与分析［J］．当代经济科学，2000（6）．

笔者认为，虽然两个概念的内涵并不完全相同，但这些学者在分析平台两边用户相互作用的机制时侧重点是一样的，即平台某一边用户人数增加会对另一边用户带来效用增加的影响，从而吸引另一边用户加入，反之亦然。这种正反馈作用对平台的成长至关重要。闻中等学者对网络外部性和网络效应概念的区分，有助于厘清网络平台聚集两边用户的作用机理，故笔者在本书中将主要使用网络效应的概念展开论述。

在一个平台市场，强网络效应和高转换成本经常可以阻止外部竞争者的进入，以保护现有平台厂商，所以当网络效应是积极的并且很强时，使用者将会集中在更少的平台，这样其他平台将很难吸引到用户（Eisenmann，2011）。

Choudary（2017）指出，在平台领域，平台所有者可以有意操纵网络效应以重塑市场，而不只是对市场做出被动响应。

2. 平台竞争策略

在传统的单边市场中，企业通常以降低价格和提高效用的方式来吸引用户。而在双边市场中，由于平台用户存在需求互补性、依赖性以及网络外部性等特征，一边用户在做决策时除了会考虑价格因素，还会考虑对另一边潜在用户数量的影响。因此，双边市场竞争与传统意义上的单边市场竞争大不相同，在双边市场中企业竞争可能发生在任何一边，竞争也更为激烈和复杂。

关于平台竞争，多数学者主要对平台定价问题进行探讨，内容涉及平台收费模式、定价策略等。此外，有关学者对平台的兼容性、平台的差异化等进行了相关研究。

（1）平台收费模式与定价策略

平台利润来自对两边用户的收费。具有双边市场特性的平台，其总的交易量和利润不仅取决于交易参与用户的总费用，还取决于费用在两边用户之间的分配（Rochet et al.，2004）。

价格结构的任何变化，都将直接影响平台用户的参与数量和参与程度。因此，研究相关因素如何影响平台的定价结构和定价策略变得非常重要。影响平台定价策略的因素较多，包括价格弹性、用户的多归属行为、网络外部性、竞争强度等。

通常平台会对以下用户收取低费用甚至是免费提供服务：①平台之间竞争激烈的一边用户；②单归属用户；③能够给平台带来较强外部性的用户；④价格弹性较大的用户。

平台对用户收取较高费用的情形主要有：①平台之间竞争强度弱的一边用户；②多归属用户；③给平台带来较弱外部性的用户；④价格弹性较小的用户。

Liu 和 Serfes（2013）发现，价格歧视在双边市场会产生方向相反的两种竞争效应：负向效用与单边市场类似，价格歧视损害自身利润；正向效用与平台间接网络外部性有关，采用歧视性定价可以将间接网络外部性内部化，从而增加平台利润。

（2）兼容策略

兼容性是一个消费者通过一个平台卖方到达另外一个平台卖方的能力（Rysman，2009）。面对市场竞争和用户的多归属行为，平台企业需要对是否选择兼容策略做出决策。

Doganoglu 和 Wright（2006）应用 Hotelling 模型分析了两种策略（兼容策略和不兼容策略）可能产生的结果，发现用户的多归属行为带来其对平台兼容性的需求，如果平台采取兼容策略，满足用户需求，则会提高社会福利。但采取兼容策略的平台企业，需要面对外部更大的竞争压力，这对企业是不利的。因此，企业往往倾向于选择不兼容策略。他们还指出，在存在用户多归属行为且平台企业选择不兼容策略时，政策制定者应当多关注多归属行为对兼容性的替代，给予企业相对宽松的政策环境。

Rysman（2009）指出，如果能够使双边市场中的一边用户单归属，则无须在另一边选择单归属策略。换句话说，即由于平台两边的用户需求是相互依存的，只要一边用户在某一时期是单归属的，平台就可以据此向另一边用户收取垄断性价格。因此，平台提供者倾向于选择不兼容策略来锁定用户、排除竞争。

（3）差异化策略

为了应对竞争，平台企业可以采取横向或者纵向的产品或服务差异化策略。平台差异化满足了用户的差异化需求，带来用户效用的提升，有助于培养用户对平台企业的忠诚度。在平台企业发展过程中，网络外部性和规模经济的存在并没有造成垄断企业的出现，相反，平台企业之间的竞争比较激烈。造成这一现象的关键原因是产品差异化的存在。差异化策略对平台的定价和利润产生重要影响，平台可以凭借高度差异化提高定价，从而增加平台企业的利润。对于没有差异化的平台来说，激烈的价格战会导致利润消失（Armstrong et al.，2007）。

此外，差异化策略的成功实施，有助于减轻用户多归属行为给平台带来的竞争压力，当客户缺乏选择余地时，其对价格的敏感性也就不那么高了。因此，差异化策略是平台赢得高水平收益的积极策略。实行产品或者服务的差异化策略，有时会与争取占领更大的市场份额相矛盾，这就要求平台企业对这一策略的排他性有思想上的准备。

对于平台组织特征及竞争策略的研究，多数文献将重点放在平台竞争的特殊性方面，指出平台企业竞争相对于传统企业竞争在价格策略、兼容策略等方面具有特殊性，这种特殊性使得在传统企业竞争中看似非常不合理的不对称定价行为、垄断行为等，在平台企业竞争中一定程度上变得合情合理。

3. 互联网时代的组织模式变革

在经济活动中，苹果、亚马逊、阿里巴巴等企业获得了巨大的成功，它们采取的平台商业模式成为人们关注的焦点。为了应对和适应复杂多变的外部市场环境和用户需求，许多企业开始尝试在组织层面进行变革，在新形势下构建能够更好适应环境的平台组织模式。

BCG 等（2016）在对阿里巴巴、海尔和韩都衣舍组织模式进行研究的基础上，指出平台化企业组织的四大重要特征：大量自主小前端、大规模支撑平台、多元的生态体系，以及自下而上的创业精神。[①]

阿里研究院也用"大平台 + 小前端 + 富生态 + 共治理"来描述企业未来

---

① BCG：未来平台化组织研究报告［EB/OL］.（2016－10－19）［2019－03－16］.
https：//www.sohu.com/a/116587602_483389.

的组织方式。

樊晓军和李从质（2018）基于对海尔、阿里巴巴组织模式的研究，指出，互联网时代的到来，使科层制管理模式面临适应性挑战，打破科层制管理模式是必然趋势，平台型组织将是未来的发展方向。

梁晗和费少卿（2017）在研究阿里巴巴平台组织的基础上，指出在不同发展阶段平台组织将采取不同的用户治理模式：通过开放、免费的交易型治理策略吸引用户，通过约束性与激励性的制度型治理策略管理用户，通过技术与创新支持的技术型治理策略维持用户，通过平台分化与生态化的战略型治理策略发展用户。

简兆权等（2017）通过分析海尔组织变革的案例，指出互联网环境使服务战略转变为个性化定制和全流程体验。为了应对外部环境的变化和市场竞争，海尔的内部组织结构演变为"平台＋小微企业"。

张敬博（2018）进一步指出海尔内部组织的创新网络模式，指出该模式具有独立发起、任意桥接及共利协调三方面的互动特征，能够快速响应用户需求并实现产品创新。

屈燕妮（2018）指出，海尔在组织向平台化改造的过程中演化出众多个性化、多样性的小微群落，这些小微群落的创业能力得到支持，从而满足了众多缝隙市场的需求，同时极大提高了组织适应市场需求的能力。海尔"共创共赢"机制的设计，能够将更多优质资源吸引到平台上来，使平台、小微企业、各资源方、用户等各相关利益方都受益，真正实现商业生态圈共赢。

韩都衣舍是组织结构向平台化转型的另一个代表性企业，其组织结构是以产品小组为核心构建的，公司在组织内部构建了一个资源整合服务平台，为产品小组提供支持服务。产品小组一般拥有很大的自主决策权且独立核算。通过向平台化转型，韩都衣舍打造了一条柔性、快捷的供应链，形成了产品的小额订单生产模式。组织决策权向前端的产品小组转移，实现了产品的"快速追单"，能够低成本地满足市场上的小众需求。韩都衣舍以其独创的以产品小组制为核心的单品全程运营体系，在对接外部市场和内部管理中取得了积极效果（李成钢，2017）。

基于韩都衣舍的组织结构转型案例，朱良杰等（2018）指出，平台转型的过程是企业能力动态提升的过程，平台价值的创造过程也是网络化资源共享和共创的过程，平台战略的立足点是如何更好地促进网络效应发挥。① 韩都衣舍打造了以时尚服饰为核心的内容生态圈，构建起了生态优势。

从以上学者的研究来看，有关海尔和韩都衣舍的案例研究侧重于组织内部结构转型，有关阿里巴巴的案例研究则不仅包括组织内部结构转型，也包括对交易用户的组织与管理。通过对这些案例进行分析，笔者发现，无论是海尔、韩都衣舍还是阿里巴巴，它们的组织活动都是在互联网环境下的一种自觉调整，这种自觉调整为企业在互联网环境下竞争带来了新的优势。平台型组织是适应互联网环境、满足市场多样化需求的一种新的组织形态。实际上，这些企业都在平台化改造的过程中形成了多个平台，如用户交互平台、创业孵化平台、供应链资源平台等，如果按照组织内部和组织外部区分的话，我们至少可以从逻辑上将企业的平台化转型区分为两种类型——组织内部的平台化和组织外部的平台化，只是不同企业改造的侧重点不同罢了。例如，在海尔的平台化转型中，案例研究的重点是组织内部改造，但案例同时指出，海尔对外构建了用户交互平台（众创意、海尔社区等用户交互网站，线下自营店、海尔商城、天猫等第三方交易平台等）、供应链资源平台（海达源等）；韩都衣舍通过自身的平台化改造，对接"外部平台"（天猫、唯品会等）消费者，从而打造了整个价值创造链。阿里巴巴在形成对外平台交易模式的同时，也在不断探索组织内部的平台化改造。由此可见，平台化改造不仅适用于企业内部组织结构的改造，也适用于企业对外组织的改造。企业通过内外部一体化改造，最终构造出一个包含员工、客户、供应商等利益相关者的商业生态圈。据此，笔者认为，对第三方交易平台组织进行研究，既要研究平台企业内部组织结构的变革，也要研究平台企业对外组织交易方式的变化，这样才能对第三方交易平台组织变革形成更为清晰的认知。

---

① 朱良杰，何佳讯，黄海洋. 互联网平台形成的演化机制：基于韩都衣舍的案例研究［J］. 管理案例研究与评论，2018，11（2）.

1.2.3 本书的研究思路

以上我们分别从传统交易平台和互联网交易平台两个维度对相关研究文献进行了述评。这些研究表明，随着信息技术的推进，基于互联网兴起的第三方交易平台，展现出许多新的组织特征，由此带来平台竞争策略和竞争行为等诸多方面的变化，这些经济现象用传统的经济理论已经难以解释，因此，许多学者尝试从平台组织展现出来的新特征出发，对平台理论进行创新性研究，研究内容主要集中于平台特征对定价及竞争策略和竞争行为的影响等方面，这些研究多是基于平台的某一个特点或者某一个角度展开的，并未从全局上对交易平台形成统一的认识，但是，这些研究仍填补了许多平台理论的空白，是产业组织理论在互联网时代的重要发展。

对传统交易平台的研究多集中于特定的市场领域，如商品交易市场、证券交易所等，这些研究往往基于平台的发展实践，对特定市场的特征、发展现状、存在问题及发展趋势进行研究。随着信息技术的推进和互联网平台的兴起，传统交易平台的外部交易环境发生深刻变化，越来越多的交易平台出现线上业务与线下业务的融合，但对传统交易平台的研究往往局限于传统理论框架，并未结合平台理论的最新发展，无法形成统一的平台理论，运用新的平台经济理论对传统交易平台进行反思性研究的也较少。

笔者认为，无论是传统的交易平台还是基于互联网的虚拟交易平台，都是为了满足市场交易组织化的需要而产生的，都是市场专业化分工的结果。因此，有必要将传统交易平台和虚拟交易平台作为一个整体进行研究，从而探寻一个系统的、统一的理论分析框架。为此，我们需要打破基于传统交易平台理论研究所形成的固有思维，结合平台发展的历史和最新发展实践，融合平台经济发展的新理论，对市场交易的组织化需求及平台组织行为展开深入研究，这样才能对交易平台的本质及发展规律形成更为本源的认识。

本书的研究思路可以用逻辑框架更为清晰地概括出来，如图 1-1 所示。

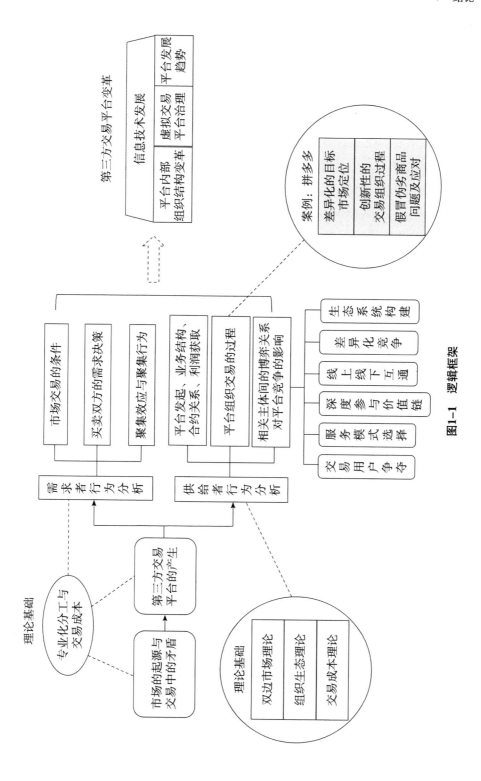

图1-1　逻辑框架

1.3 研究意义

1.3.1 理论意义

1. 进一步丰富和完善平台经济理论

随着信息技术尤其是互联网技术的发展和深入应用，电子商务网站大量涌现，传统的平台经济理论难以解释平台企业展现出来的新商业模式和组织行为，新的平台经济理论应运而生。近年来，学界关于平台经济的研究逐渐增多，主要集中在平台对两边用户的定价模式、平台特征对定价及竞争策略的影响等方面，这些研究填补了许多平台理论的空白，但仍存在许多待研究之处。人们对平台企业本质规律的认识仍存在许多偏差或者模糊之处，由此给平台组织实践带来困难。当前，迫切需要研究第三方交易平台的形成和发展规律，以进一步丰富和完善平台经济理论，为中国传统交易平台的转型和虚拟交易平台的发展提供理论支撑。

2. 促进对平台各参与主体组织关系的新认识

信息技术的快速发展，对市场环境和平台参与主体的行为产生了深刻影响。那么，作为平台重要参与主体的交易者，其需求是否发生变化？这对平台组织过程带来什么影响？面对复杂的市场交易环境，如何构建平台各参与主体之间的协同治理关系？对这些问题，有必要进行更深入的理论研究。

3. 有利于构建第三方交易平台理论的统一分析框架

从传统交易平台到基于互联网的虚拟交易平台，交易场所的变化带来交易方式、交易流程、交易规则等的一系列变化。这给我们带来一个思考，无论是传统交易平台还是基于互联网的虚拟交易平台，都是为了满足市场需求而产生的，都是市场专业化分工的结果，其背后的供求逻辑是否发生了变化，能否形成一个统一的分析框架，对这些问题进行深入探讨，是将第三方交易平台研究纳入主流经济理论的一次有益尝试。

1.3.2 实践意义

信息技术的不断深入发展，给人类社会带来显著变化。互联网的广泛引入，物联网的迅速扩张以及大数据、人工智能的运用等，技术的革新不断冲击着人们的思维等。目前，第三方交易平台的发展在我国仍处于起步阶段，社会交易需求远远没有达到饱和状态，无论是从需求用户数量还是从市场定位角度来看，第三方交易平台都有较大的发展空间。这体现在诸多方面，如中小城市电子商务发展潜力较大、跨境电子商务成为发展热点、B2B① 发展还未成熟等。

中国正处于一个特殊的时期：工业革命没有完成就进入了信息革命，刚刚开始信息革命又迎来了全球经济一体化。复杂的内外部环境注定了我们在通往信息社会的道路上要面对更多的困难和挑战。发达国家依然占据着信息产业价值制高点，许多基于互联网的国外平台企业如亚马逊、苹果、优步等迅速扩张版图，抢占全球市场。传统网络经济理论认为，在市场竞争中，"赢家通吃"是网络经济中非常重要的一种现象。在网络效应的作用下，成功的网络企业将占据绝大部分市场份额，失败的网络企业则将失去用户支持，市场占有率会越来越低，最终失去存在价值。在全球市场竞争日趋激烈的情况下，我国第三方交易平台企业只有抓住机遇，积极探索交易平台的组织模式和运行机理，不断完善自我，提高核心竞争力，才能在竞争中取胜。

当前，我国针对第三方交易平台及市场交易的制度、规则尚不完善，信息革命的推进使得一些制度、规则无法适应变化了的经济环境，导致在实践过程中产生很多矛盾与冲突。不少基于互联网的虚拟交易平台尝试突破原有制度、规则藩篱，闯出一片新的天地，迅速成长为行业翘楚；同时，也有大量传统交易平台由于难以适应变化了的环境而日渐没落；更有许多新兴的第三方交易平台由于对组织模式和竞争模式的认识存在偏差而在竞争中落败，由于缺乏坚实的理论支撑在实践中面临挫折。有鉴于此，探究第三方交易平

---

① B2B 指企业对企业的电子商务模式。

台的本质及其发展演变规律，对促进第三方交易平台发展具有重要的实践意义，也可以为完善我国第三方交易平台的治理机制提供有价值的理论参考。

1.4　研究方法与范围界定

1.4.1　第三方交易平台概念的界定

近年来，信息技术飞速发展，各种类型的开发平台、交易平台、社交平台等层出不穷，不少学者认为可以利用平台的概念来促进企业和经济发展。

Rochet 等（2004）提出平台的概念：平台是通过双边市场聚集两组或两组以上的参与者，并促使其相互交易的场所。[①]

徐晋（2007）从交易功能的角度对平台下了定义，他认为，平台实质上是一种交易空间或场所，可以存在于现实世界，也可以存在于虚拟网络空间，该空间引导或促成双方或多方客户交易，通过收取恰当的费用而努力吸引交易各方使用该空间或场所，追求收益最大化。[②]

钱平凡和钱鹏展（2017）提出，"平台是为实现关联方连接与互动的载体与媒介，是由基石、基本架构与接口 3 个核心要素构成，能够引发网络效应"。[③] 平台的基石可以是核心资源、技术、设计与能力等，基石是平台的支点，直接影响平台的发展；平台通过架构中的接口设计连接补足品或服务，或者连接互动的用户，产生网络效应。他们强调平台的载体与媒介功能，指出平台构成的核心要素，并指出单纯研究平台本身是不够的，需要从生态系统的角度看待平台。平台生态系统由平台利益相关者及相关事物共同构成，其发展的好坏决定着平台具体经营模式的成败。

---

①　ROCHET J, TIROLE J. Defining Two-Sided Markets［Z］. Working paper, IDEI University of Toulouse, 2004.

②　徐晋. 平台经济学［M］. 上海：上海交通大学出版社，2007.

③　钱平凡，钱鹏展. 平台生态系统发展精要与政策含义［J］. 重庆理工大学学报（社会科学），2017，31（2）.

Rochet 等（2004）对平台的定义强调平台的场所功能。

徐晋（2007）指出，平台不仅是一种交易的空间或场所，同时它更具有促成或者引导交易的功能，还是一个经济利益主体，是那些表现为"交易市场"形式的经济主体。

以上学者从不同角度对平台进行了定义，可以看出，他们所描述的平台包含的范围甚广，从超级市场、夜总会、电视、报纸到社交网站、网络搜索引擎、证券或期货交易所等，每个具体平台，都对应着一种或多种交易，承担着交易市场的功能。虽然没有特别说明，但上述学者所称平台指的都是交易平台。以下如无特别说明，本书也将平台与交易平台作为同义词。

事实上，Rochet 等的定义特别指出平台的本质是通过双边市场形式聚集交易者，这其实排除了平台这一交易场所的提供方是买卖双方之一，其所称的平台，天然就是"第三方"的。徐晋强调平台是作为利益主体的交易市场，他强调平台的"市场"身份，即不是交易主体的任何一方而是市场方，其所称平台自然也就是"第三方"的。然而，提供交易场所，具有促成和引导交易功能的利益主体，完全可以是市场交易的其中一方，因此，笔者认同平台（或称交易平台）是提供交易场所，具有促成和引导交易功能的利益主体的观点，但不认同不加区别地将平台与第三方平台画上等号的观点。

笔者认为，可以根据交易平台的提供者是否同时是交易主体的一方（买方或卖方），将交易平台区分为第三方交易平台和"非第三方"交易平台。第三方交易平台是指以撮合交易为目的，通过对特定交易买卖双方进行组织，提供交易空间、交易规则等服务，提升交易效率并撮合交易的专业化市场服务组织。例如，淘宝、中国钢铁网等，都属于第三方交易平台，它们作为买卖双方之外的第三方，提供交易场所和专业化的交易服务，撮合买卖双方开展交易活动。

显然，"非第三方"交易平台可以进一步区分为卖方搭建的平台和买方搭建的平台两种类型。卖方搭建的平台，是一个卖方与多个买方交易的平台。在这种模式下，卖方通过搭建平台，提供交易场所和交易服务，发布产品供应信息，吸引多个买方洽谈和交易。早期纯粹销售自营商品的京东商城、街边的便利店以及各类企业的自营网站都是卖方搭建平台的实例。买方搭建的平台，是一个买家与多个卖家交易的平台。在这种模式下，买方通过提供交易场所和交易服务，召集供应商前来报价、洽谈和交易，典型的例子如英特尔、IBM（国际商业机器公司）、通用汽车公司等大型企业自营的网上采购平台。

更为重要的是，"非第三方"交易平台与第三方交易平台的营利模式是有本质区别的。"非第三方"交易平台搭建的目的是优化自身交易，如卖方搭建交易平台是为了扩大销售，增加销售利润，买方搭建交易平台往往是为了节约采购成本。第三方交易平台收入通常来自"场地费"或"服务费"等中介费。

1.4.2 本书研究方法

1. 文献研究法

本书采用了文献研究法，了解平台经济国内外研究现状和主流研究理论，归纳、总结已有的研究成果，寻求合适的理论基础，提出第三方交易平台研究的系统分析框架。

2. 比较分析法

在考察第三方交易平台的发展历史时，本书将信息革命前后第三方交易平台的组织模式区分为传统交易平台和虚拟交易平台，在统一的分析框架下采用比较分析法对其进行比较，分析其本质规律。社会的发展和技术的进步使交易环境不断发生变化，人们的交易行为、交易手段以及企业的经营理念都随环境的变化而变化，引入比较分析法，有助于人们更清晰地了解第三方交易平台的演变过程。

3. 定性分析法与定量分析法

定性分析法是本书应用的主要研究方法，涉及大部分章节。本书基于对第三方交易平台发展实践的观察、描述以及对所收集历史资料的归纳、演绎、分析和抽象，形成对第三方交易平台组织特点、组织行为和发展趋势的观点。此外，在平台需求者决策部分，本书采用了定量分析法。

4. 案例研究法

本书在进行理论分析时使用了案例研究法，通过案例佐证理论分析结论。例如，应用案例"拼多多的崛起"佐证差异化策略在平台市场定位以及组织交易中的作用。

1.4.3 研究范围的界定

有关第三方交易平台及其相关问题的研究涉及范围非常广，为了重点研究第三方交易平台的形成和演进，这里有必要对本书的研究范围作一个简单界定。

其一，平台在经济研究领域被公认为具有交易属性，不少经济学家对平台进行了分类，例如，Rochet 和 Tirole（2002）根据平台的作用将其分为市场创造型、受众创造型和需求协调型 3 种。刘启和李明志（2009）基于平台的性质将双边市场分为 4 类：交易中介、媒体、支付工具和软件平台。本书将研究的第三方交易平台限定为撮合交易双方直接进行交易的第三方平台。

其二，为了便于研究，我们以商品交易平台作为研究重点，本书的研究结论对其他第三方交易平台同样具有借鉴意义。本书研究的主要是经济活动中在不同发展阶段占主要地位的、具有代表性的第三方交易平台组织的演化。我们既不排除其他第三方交易平台组织形式存在的可能，也不排除各种第三方交易平台组织有时间上的继起性和空间上的并存性。

其三，本书的研究是对中国第三方交易平台发展现状的总结与归纳，其基本理论具有一般性。

2 第三方交易平台产生与变革的理论基础

2.1 第三方交易平台组织形态的演变

2.1.1 第三方交易平台组织演变的驱动力量

回归第三方交易平台的"市场属性",我们将能够更好地理解平台组织演变的驱动力量。第三方交易平台组织产生的根源在于通过提供交易平台和组织化管理服务,满足交易双方的需求。随着社会生产的高度发展,专业化分工不断深化,物质和非物质产品日益丰富,人们的收入水平日益提高,消费者需求在数量、质量上不断增长,为了适应和满足生产、消费的发展需要,第三方交易平台所服务的市场交易范围不断扩张(交易种类增多、交易主体范围扩大),市场交易层次不断深化发展(交易技术进步),这带来了市场环境的变化。服务效率和服务能力成为第三方交易平台组织者竞争的焦点。正是这种需要和竞争,推动了第三方交易平台经营者在交易组织和交易方式上不断革命和创新。

因此,从根本上讲,第三方交易平台组织的变革是适应不同市场环境资源配置方式的变革。第三方交易平台组织演变的影响因素具有多元化特征,任何对市场环境变化起到重要影响作用的因素,如分工的深化、技术的进步、制度的完善、市场需求的变化、市场竞争等,都可能成为推动第三方交易平台组织演变的外在驱动力量;任何对提高第三方交易平台组织效率起到重要影响作用的因素,如新技术的应用、交易规则的完善等,都可能成为推动第三方交易平台组织演变的内在驱动力量。在不同历史时期,各因素在交易平台演变过程中发挥的影响力不断变化，例如，分工在交易平台组织演变的较长历史时期内都发挥着不可磨灭的重要作用，而 20 世纪 90 年代后信息技术对交易平台组织演变产生了更为重要的推动作用。综合而言，多元化的影响因素对不同历史时期第三方交易平台组织演变产生着不同的影响，起主导作用的因素成为推动平台组织演变的重要力量，不同历史时期的组织形态是组织内外部力量相互作用形成的稳定均衡状态。

2.1.2　第三方交易平台组织形态的演变

第三方交易平台组织的形成和演进是一个漫长且复杂的过程，组织形态在历史长河中不断完善和变革，过程中甚至可能出现中断和反复。纵观历史，从农耕经济到工业革命再到信息革命，第三方交易平台组织经历了不断深化发展的过程，每一次组织形态的重大变革都与生产力发展、分工深化所带来的市场交易环境的剧烈变化，以及伴随而来的交易制度的不断完善不可分割。

平台作为一种市场交易的空间或场所，从古至今一直存在，如处于自然经济状态下的市集，我们可以将其看作商品交易的最初平台形式。自然经济时期的生产活动以自给自足为主要特点，极少有商品交换，当时的生产组织主要以家庭作坊、手工工场形态出现，与此相对应的是家庭式组织。那时的商品流通还是一种简单的商品流通，市场的不完备极大地制约了商品流通，分工也是建立在简单再生产基础上的。此时的商品交换以人伦信用为基础，第三方交易平台主要依靠市场"看不见的手"进行供求调节。

18 世纪中期以后，随着工业革命的爆发，机器的发明和铁路等运输方式的出现，使得大规模生产成为可能。家庭作坊已经不能适应大规模生产的需要，工场手工业分工促使劳动组织形式发生了革命性变化，开始出现工厂组织形态。分工的深化促进了产业链的解构，产业分工开始从产业间分工向产业内分工发展，规模经济成为这一阶段企业组织追求的目标。企业通过调整组织结构、生产方式和交易方式来降低交易费用。市场规模和交易范围的扩大，使单纯依靠人伦信用关系进行商品交换不能再满足日益增长的生活需要，为了解决交易中存在的不确定性问题，契约成为人们相互间进行交易活动的一种常用手段。商品流通过程的分化带来了批发与零售的最终分离，商品交易所的交易形式从典型的现货交易向期货交易转换。

在后福特制生产方式下，随着信息技术的发展、应用以及市场需求的越来越细化，生产组织日益"精益""敏捷"。为了快速响应市场需求，生产组织采用了一定程度的柔性生产和社会化物流。为适应生产组织和消费市场的这种变化，组织化程度较高的第三方交易平台应运而生。百货商店、超级市场、证券市场等新的组织形态不断涌现并发展，它们不但复制了企业组织的基本特征——金字塔式的科层组织，而且借鉴了企业组织的管理模式，如流水线作业、柔性管理等。

随着互联网技术的深入应用，企业生产方式、交易双方的交易模式发生巨大变化，部分传统第三方交易平台出现模式危机，新型的虚拟第三方交易平台组织出现，并呈现向生态型组织进化的发展趋势，交易平台也从实体平台转向实体与虚拟平台共存的局面。在这一阶段的组织演变中，交易成本的影响力由于信息技术的发展而被内生性化解。不同历史时期的市场环境与第三方交易平台的组织形态如表 2-1 所示。

表 2-1　　不同历史时期的市场环境与第三方交易平台的组织形态①

历史发展阶段	18 世纪中期以前	20 世纪初	20 世纪 90 年代	近年来
生产技术能力	生产技术落后，生产规模小	大生产	大规模定制	C2B 模式
生产经营组织结构	家庭式结构	刚性的科层结构	半柔性网络结构	柔性生态结构
商业支撑体系	手工生产、中间商	大规模营销、流水线生产、部分物流外包	大规模营销、一定程度的柔性生产和社会化物流	个性化营销、柔性生产、社会化物流

---

① 阿里研究院. 激活生产力：DT 时代的模式升级与范式转移［EB/OL］.（2015 - 12 - 28）［2017 - 05 - 16］. http：//www.aliresearch.com/ch/information/informationdetails？articleCode = 20767 & type = % E6 % 96 % B0 % E9 % 97 % BB.

续　表

历史发展阶段	18 世纪中期以前	20 世纪初	20 世纪 90 年代	近年来
消费者角色	孤立、被动、少知，基本上不参与	孤立、被动、少知，基本上不参与	部分参与设计与生产	见多识广、互相联系、积极主动、深度参与
市场供求环境	极少有商品交换	同质性需求、供不应求	需求多变、供过于求	个性化需求勃兴
代表性的商业基础设施	旧时期的交通网络	公共电厂和电网、现代交通网络	通信网络、现代物流网络	云计算、宽带和无线互联网、智能终端
第三方交易平台的形态	碎片化的市场平台	均质化的市场交易平台	专业化的细分交易平台	生态化平台

2.2　第三方交易平台产生与变革的理论解释

2.2.1　基于专业化分工与交易成本理论的解释

按照改变商品形态的过程与转让商品控制的过程区分，资源配置包括生产与交换①。无论是生产领域还是消费领域，有效利用资源都离不开交换。交易是交换在现代经济中的同义词，如果一定要对二者加以区别，可以认为货币出现以后，在从物物交换转向货币媒介交换时交换取得了交易的含义。

厘清生产与交换（交易）的关系，有助于在一个更宽广的视角下探讨第三方交易平台的经济学理论含义，进而为研究第三方交易平台的产生和演进提供一个较为扎实的分析框架。为了更好地描述经济演进的内在规律，从中

---

① 伊特韦尔，米尔盖特，纽曼. 新帕尔格雷夫经济学大辞典 ［M］. 北京：经济科学出版社，1996.

探索第三方交易平台的理论归属，笔者认为专业化分工是一个必要的研究起点。

1. 专业化分工与"实现问题"

（1）专业化分工

亚当·斯密最早系统性地提出专业化分工思想，其认为分工有助于解释生产效率的提升并且必然引发交换需求。后人将斯密的分工观点总结为分工水平受市场范围和稳定性的限制，专业化的贸易活动有助于增大市场规模[①]。斯密认为劳动分工是技术表现为规模报酬递增的主要原因，但斯密并没有证明劳动分工是如何被市场范围决定的。马克思也有相似论述，他认同劳动分工依赖于市场规模，进而阐述了两者间的作用机理。马克思指出，只有当市场能够吸收大量的标准化商品时，迂回生产方法的进一步应用才有利可图。然而，工业资本主义一旦建立，会内生增长的因子，更廉价的商品、改进的交通工具、专业化优势的增加导致更大市场的出现。因此，工业资本主义经济以累积的方式增长[②]。

阿伦·杨格（1828）继承和发展了斯密的专业化分工思想，阐明了报酬递增与经济进步之间的关系，指出报酬递增是由生产的资本化或迂回生产方式创造的，取决于劳动分工的发展。

杨小凯（1991）进一步发展了专业化分工思想，在他的《经济增长的微观机制》中，其假定每个人既是消费者又是生产者，进行专业化生产，并有多样化消费需求，基于此，其建立了一个能够预测劳动分工、生产力、贸易依存度和经济结构演进情况的动态均衡模型，这是杨格劳动分工思想的第一次模型化。

（2）"实现问题"

与分工伴生的是"实现问题"。根据马克思的论述，资本主义制度下的生

---

① 伊特韦尔，米尔盖特，纽曼. 新帕尔格雷夫经济学大辞典［M］. 北京：经济科学出版社，1996.

② 同①.

产不过是资本流通过程中的一个阶段，即货币资本要先换成生产资料和劳动力，然后进行生产，生产出的商品必须再转化为货币，也就是被卖掉，才能实现它们的价值。这一点必须发生，但又可能不发生，这就是"实现问题"。[①] 马克思对"实现问题"的关注点是：在给定的产出水平和结构下，商品得以出售从而生产可以重新进行的条件是什么。马克思通过再生产图式，给出了简单再生产和扩大再生产的实现条件，也就是两大部类相关资本的量应满足一定的数量关系。马克思关于"实现问题"的论述，指出了交换或交易实现对维持和发展劳动分工的重要意义，但他的论述重在价值分析，将解决"实现问题"的关键放在交易中不同部类商品价值量的匹配关系上，并未考虑到交易成本问题。

（3）"实现问题"的求解

古典经济学认为，竞争性产业发展水平本质上取决于生产的专业化与分工发展。杨格定理指出，分工水平决定劳动生产率水平，劳动生产率水平决定商品资源总量，从而决定购买力水平，购买力水平决定市场交易的总规模。这些关于专业化分工和劳动生产率的论述，并未考虑"实现问题"。

杨小凯（2003）基于生产者—消费者模型，指出交易效率从而分工水平是市场生产力的推动力量。杨小凯认为，当分工带来的好处大于所增加的交易成本时分工就会继续演进，反之则会停止。

显然，分工（决定生产力水平的核心因素）和交易是经济发展的两个核心主题，交易效率降低会制约分工水平的发展，交易效率提升会演化出容纳水平更高的分工，从而对应程度更高的生产力水平。这一理论充分说明提升交易效率或降低交易成本对提高社会分工水平从而提升社会生产力水平具有重要意义。总之，交易成本是商品市场形成与发展最为重要的内生变量，它的节省构成了商品市场自身形成与发展的内生动力。至此，我们认为，杨小凯有关分工水平演进受交易效率制约的思想是斯密专业化分工思想的创造性

---

① 伊特韦尔，米尔盖特，纽曼．新帕尔格雷夫经济学大辞典［M］．北京：经济科学出版社，1996．

发展，给出了求解"实现问题"的新答案，那就是提升交易效率。

2. 企业与交易需求

（1）企业性质理论综述

个体做出分工选择后，首先面临的是社会化生产如何组织起来的问题。这个问题的关键在于企业性质如何界定。

典型的观点有以下几种：

①报酬方式是企业的本质特征

Knight 的企业理论认为，报酬方式是企业的本质特征——一个拿剩余浮动收入的人保证那些参加团队生产的人会获得固定收入。[①]

②交易成本的存在是企业产生的原因

科斯（1937）质疑 Knight 的观点，提出为什么资源配置不是直接由价格机制来完成的问题。[②] 科斯认为，当由企业家组织生产比由市场利用价格机制来组织生产成本更低时，企业就会出现。这种观点是科斯企业理论的核心。

张五常（1983）认为，中间产品交易效率低于生产这种中间产品的劳动的交易效率是企业产生的必要条件，企业是用劳动力市场替代产品市场。这种观点与科斯的观点比较接近。

杨小凯和黄有光（1995）认为，如果中间产品交易成本比劳动力交易成本更高，则企业制度可以用劳动力交易替代中间产品交易，从而节省交易成本。

杨小凯（2003）还认为，剩余收益是对企业家思想的一种准确定价，不对称剩余权结构的功能就是将具有最低交易效率的活动卷入分工，避免对该活动的投入和产出进行直接定价和买卖，从而促进分工和生产力。[③]

---

① 科斯. 企业的性质［M］//威廉姆森，马斯滕. 交易成本经济学：经典名篇选读. 北京：人民出版社，2008.

② 同①.

③ 杨小凯. 经济学：新兴古典与新古典框架［M］. 北京：社会科学文献出版社，2003.

③企业是特定条件下投入品的契约组织形式

阿尔钦和德姆塞茨批判性地指出，认为企业是靠优于传统市场的力量（命令、权威或者约束行为）来解决问题是一种错觉。因为企业的投入品不是企业主原本就有的，多数情况要从别人那里购得。命令、权威、约束行为也是基于买卖契约获得的，与市场上任何两个人之间签订的普通契约没有丝毫差别。雇主管理、指挥或者向员工安排各种任务，实际上是雇主在雇佣契约框架下不断地就双方都能接受的具体契约条款进行再谈判和执行。

阿尔钦和德姆塞茨提出了与科斯不同的企业理论，他们认为，企业是当团队生产能够提高生产率并且能够估计投入品边际生产率大小时投入品的契约组织形式，并指出古典资本主义企业的以下特征：投入品的联合生产；有多个投入品的所有者；有一个中心方与所有其他联合投入凭所有者签订契约；中心方有权与任何投入品的契约重新谈判而不影响与其他投入品所有者的契约关系；中心方拥有剩余索取权；中心方有权出售他的中心契约的剩余索取身份。①

对于科斯的企业理论，阿尔钦和德姆塞茨委婉地指出，理论要进一步深入，就有必要知道企业意味着什么，就必须解释在什么情况下"管理"资源的成本低于通过市场交易配置资源的成本②。他们不是不同意在其他条件不变的情况下市场上交易成本越高在企业内组织资源相对优势越大这一假设，只是他们认为科斯的企业理论虽然提到了开放式契约，却没有涉及剩余索取者身份，也没有区分雇员和分包人地位。而且，科斯所认定的雇员一般受雇于长期契约而非一系列短期或不定期契约的观点是不正确的。

对于 Knight 的企业理论，阿尔钦和德姆塞茨认为其虽然考虑了财富变化的风险，并将其和指挥者、中央雇主联系在了一起，却没有解释这种可行安排的内在原因。阿尔钦和德姆塞茨虽然认同不完全信息和对应风险构成监督

---

① 阿尔钦，德姆塞茨．生产、信息成本和经济组织［M］//威廉姆森，马斯滕．交易成本经济学：经典名篇选读．北京：人民出版社，2008.

② 同①.

团队成员行为问题的基础，但仍坚持"风险的分布"不是古典企业存在的合理理由的观点。

（2）企业性质再探析

笔者认为，科斯的企业理论在解释企业成因时论证过程并不清晰，也因此无法令人信服。市场交易的确需要花费一些成本，但由此推导出必然产生企业的观点不够严谨，科斯的理论中，企业配置资源含义也不甚明确。

古典企业实际上是团队生产的产物，团队生产的根本原因在于个体生产能力具有局限性，换言之，团队生产能够拓展个体生产能力边界，提供个体生产能力所不及的产品和服务。问题的关键在于团队生产是如何组织起来的，Knight 认为，企业的本质特征是报酬方式——一个拿剩余浮动收入的人保证那些参加团队生产的人获得固定收入。

阿尔钦和德姆塞茨也认为不完全信息和对应风险是监督团队成员行为的基础，只不过他们强调雇主通过有效率的方式来减少偷懒以使团队生产更经济。事实上，Knight 的观点隐含了这样一个含义，即组织团队生产，实际上是拿剩余浮动收入的人做的一个投资决策。企业生产什么、生产多少、如何组织等决策，既涉及可调动预付资本的大小，也涉及对投入产出实现情况的预期。拿剩余浮动收入的雇主能否避免团队成员的偷懒行为，关系到可获得剩余浮动收入的多少，只有预期可以有效监督团队成员，从而获得期望剩余浮动收入，雇主才会组织团队生产。因此，任一雇主－雇员模式的古典企业，能够出现的原因都在于雇主的决策，只要雇主认为可行并决定发起团队生产，新企业就会出现。只不过团队生产能否成功，即企业能否营利，并不一定，甚至可以说存在相当大的不确定性。雇主在企业内配置资源，除了自有资源（包括自己的劳动力）投入，其他投入品都是通过市场交易（某种契约行为）获得支配权的。

张五常和杨小凯都倾向企业用劳动力市场替代产品市场的观点，这种观点值得商榷。古典企业作为团队生产的组织形式，不可能不涉及劳动力市场，因为团队生产所需的服务或技术形式的投入，与提供者的活劳动是无法分离的，短期雇佣和长期雇佣本质上都是契约性质的劳动力交易。实际上，劳动力市场替代中间产品市场对应的是纵向一体化，此时必然出现生产中间产品企业股权关系的变化，这种情形实际上仍然是雇主的一种投资行为。总结起来，设立企业就是拿剩余浮动收入的雇主组织团队生产的一种投资活动。这种观点与企业是特定条件下投入品的契约组织形式的观点具有内在一致性。

（3）分工选择与交易需求

团队生产的出现，有两方面原因：一方面，特定商品的生产受个人能力限制，只有两个或两个以上的人合作才能完成；另一方面，个体可以独立生产的产品，只要工序可以分解，就存在分工协作提升劳动生产率的空间。

人与人协作劳动，是因为存在个人独立操作完成不了的生产目标，但人与人协作的效果（团队生产时团队成员能否有效协作，能不能实现预期产出）存在不确定性，协作劳动的"价值实现"（以合理价格将商品或服务销售出去）存在不确定性，这导致人与人协作生产的发起成为问题，即谁来作为协作生产风险的承担者？

从个体角度来看，分工选择有两个层次：第一个层次是选择团队生产还是选择个体生产，如果选择团队生产，就面临第二个层次的分工选择，即选择作为雇主（团队生产的组织者）还是选择作为雇员。在第一个层次，如选择个体生产，可能涉及的交易环节包括个体生产所需投入品的购买（作为产品市场的买方），以及所生产产品或所提供服务的销售（作为产品市场的卖方），还有多样化消费对应的商品或服务的购买（作为产品市场的买方）等。在第二个层次，如选择作为雇主，面临的交易环节包括生产时从市场上买入团队生产所需投入的各种要素（同时作为产品市场和劳动力市场的买方），产品销售与多样化消费时涉及的交易环节则与个体生产一样。如选择作为雇员，生产时作为劳动力市场的卖方角色，多样化消费时作为产品市场的买方角色。这样，任何一个经济人都是生产者－消费者集合体，在供给自己劳动力或产品的同时，对其他商品或服务产生需求。无论是劳动力的买卖还是商品的买卖，都面临"实现问题"。

3. 提供专业化的交易服务

第三方交易平台自古至今一直存在，这是因为它的专业化服务满足了市场交易主体对交易服务的需求。第三方交易平台专业化的交易服务体现在以下方面：明确固定的交易场所和交易时间，确定交易者的身份以及参与交易的资格，提供价格以及产品信息，制定交易规则以及对市场进行组织管理等，以确保交易顺利进行。第三方交易平台正是运用技术、规则制定和交易服务等多种手段，降低交易过程中的资源损耗，提高市场交易双方交易效率的。

专业化的交易服务给交易者带来的好处如下：

（1）交易成本的降低

具体来讲，第三方交易平台提供的交易服务有利于降低买卖双方搜寻信息的成本、谈判和签约的成本、运输成本、库存成本以及花费在具体交易中的时间成本等其他成本。

（2）交易效率的提升

主要体现在3个方面：一是交易关系的稳固。第三方交易平台为买卖双方提供了专业化的交易支持服务，提供了满足市场交易需求的市场配套设施，并使交易方式、规则等程序化、规范化，有利于买卖双方形成较为稳固的交易关系。二是充分竞争。平台上同质的商品有很多卖家，同时也集中了大量有相同或相近需求的买家，没有任何一个交易者能够控制价格和商品供求，从而市场呈现一种接近完全竞争的结构，而充分竞争的结果是形成最有竞争力的市场价格。三是网络效应的增强。第三方交易平台所构建的市场交易环境，随着买卖双方的不断加入，正的网络效应随之增强，交易者找到合适交易对象的可能性增加，获得更大交易价值的可能性也随之增加。

（3）交易风险的降低

在现实经济生活中，交易者获得的信息往往是不对称的，或者说是不全面的、不充分的，这使得在市场交易中容易滋生机会主义行为，给交易者带来交易风险。第三方交易平台通过信息聚集、信息提供、市场监管和建立信用系统等专业化运营，可以起到有效降低交易风险的作用。

2.2.2 基于知识资产理论的解释

新经济的发展，尤其是互联网的进步和普遍应用，改变了传统的分工方式，带来了经济运行模式的变革，更引发了制度创新。知识成为一种战略要素，融入经济发展，信息化、网络化成为要素配置的新手段。在新经济时代，信息（知识）将成为比土地、资本、机器等更为重要的财富。格雷夫（1994）应用博弈理论分析了不同的文化信念对社会经济组织产生的影响，他指出，从共享文化信念的变迁过程来看，组织的形成实际上体现了知识的增长过程，并导致了一系列新的经济现象的产生。

1. 知识资产的形成与第三方交易平台核心竞争力的构建

知识资产是企业拥有和控制的、可反复利用的、建立在知识基础上、可以给企业带来财富增长的一种无形资产（承文，2015）。工业化时代，货币资本和生产资料对企业发展产生强大的推动作用，随着信息时代的到来，企业核心竞争力逐渐从物质资产演变为由一系列技术、规则、文化等组成的企业独有的知识资产。

作为市场交易的组织者，第三方交易平台的核心竞争力体现在3个方面，即以知识为基础的技术能力、组织管理能力以及从事市场活动的能力。以知识为基础的技术能力在平台搭建以及交易组织活动中的应用，极大地提高了平台运行效率。在竞争日益激烈的环境下，为获得超额利润，一些实力较强的平台企业通过不断研发，形成核心技术力量，并采取多种方式，如申请专利、签订保密协议等，降低其知识资产的传播速度。组织管理能力涉及平台组织体系构建的方方面面，例如，市场交易规则的设计、组织结构的构造、平台组织与两边用户之间关系的构建等。组织管理能力是平台企业通过有效协调和运用各种信息和资源，对市场交易活动进行高效管理和匹配的能力。从事市场活动的能力是平台企业基于市场活动的服务能力、应变能力、开拓能力和竞争能力等。第三方交易平台的核心竞争力最终是借市场活动体现的。如图2-1所示，信息（知识）流的传递在形成企业核心竞争力的过程中发挥着重要作用，技术活动、组织活动和市场活动通过信息（知识）流的传递互相影响、互相作用并有机整合，共同构筑第三方交易平台的核心竞争力。

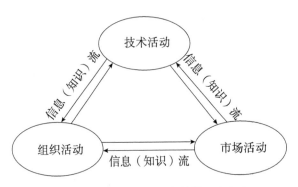

图 2 - 1   第三方交易平台的核心竞争力

2. 信息技术的发展对第三方交易平台发展的影响

（1）数据要素成为第三方交易平台经营中日益重要的投入要素

博伊索特（2005）认为，获取知识的能力是以从数据中提取的信息为基础形成的一种能力。他用一种新的生产函数来说明数据要素在企业生产中所发挥的重要作用，图 2 - 2 中，纵轴代表数据要素，横轴代表能量、空间和时间方面的物质要素，他指出，随着时间的推移，系统的演化呈现每单位产出数据要素消耗比率增加、物质要素消耗比率减少的趋势。由于存在数据要素对物质要素的替代，且信息技术的发展使得数据处理能力增强，最终系统每单位产出成本将显著下降。

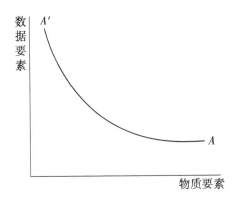

图 2 - 2   演化的生产函数①

---

① 博伊索特. 知识资产：在信息经济中赢得竞争优势［M］. 张群群，陈北，译. 上海：上海人民出版社，2005.

事实上，第三方交易平台的发展演化过程也伴随着数据要素对物质要素的替代。这可以从很多例子中看出来，例如，当信息系统被商场或者大型购物中心用于记录商品的各种数据时，准确的销售数据能够帮助人们提前做好库存计划，有效减少无效库存。当互联网的发展带来网络交易便利时，很多人选择通过基于网络的虚拟第三方交易平台而不是实体交易场所来进行商品的买卖。信息技术的发展不但使物质要素得到节约，而且使数据要素投入成本急剧下降，使第三方交易平台能够服务的用户规模不断扩大，使第三方交易平台每增加一个客户所增加的边际成本几乎为零。

（2）信息技术的发展对第三方交易平台管理范式的影响

知识是无形的，它通过信息流被创造和组织，探讨信息技术的发展对信息流动过程的影响，有助于清晰地观察知识资产对第三方交易平台发展的影响。

博伊索特（2005）构建了一个信息空间（I－空间）来分析信息的生产、分配、流动及其对社会系统的影响。I－空间是由3个维度构成的立体空间，这3个维度分别为未编码—编码、具体—抽象、未扩散—扩散。I－空间是一个概念框架，借助这个框架可以研究信息流动的状态，进而可以理解知识的创造和扩散过程。

在信息技术发展之前，只有编码和抽象程度高的信息才易于传播。信息技术的发展增强了组织获取、处理、传输和存储数据的能力，使得信息传输出现两个方面的变化：一是所传输的信息可以是编码程度较低同时很具体的[①]，因而，很多在信息技术发展之前无法直接传输的具体信息现在可以直接传输了，这不仅给人们带来了信息传输的便利，也降低了为了便于传输而处理数据的这部分成本；二是加快了信息扩散的速度。I－空间中信息技术的制度空间，如图2－3所示。信息技术的发展，带来了扩散曲线的移动，将交易可能性边界外推，随着曲线向下、向前和向右移动带来的节约量的增大，

[①]　博伊索特. 知识资产：在信息经济中赢得竞争优势［M］. 张群群，陈北，译.
上海：上海人民出版社，2005.

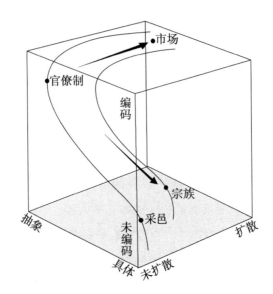

图 2 – 3　I – 空间中信息技术的制度空间①

整个 I – 空间的交易成本显著下降②。

　　信息技术革命既影响了知识资产的构建，也影响了知识资产的分享。以网络化和开放性为特征的现代信息技术，使信息获取更加便捷且成本更低廉，信息的共享和大量储存为组织成员提供了丰富的"知识"来源。信息传递不再以传统科层制中的纵向上下传递为主，更多的是横向传递或共享，由此避免了层次间传递速度慢或信息失真造成决策延误和效率低下的情况。不同时间、不同地点的实时信息共享，也便于企业优化调整采集、处理信息的流程和人员安排，进而提高集体工作效率。

　　信息（知识）的创新应用和集体创造力的激发，需要与之相适应的新的组织制度和合理的组织结构，这就要求第三方交易平台建立适应信息技术发展的更为扁平化、分权化、柔性化的组织管理范式，新的管理范式将更加注重对市场环境中不确定性的适应、组织运营效率的提升以及组织间关系的构建。

---

　　① 博伊索特. 知识资产：在信息经济中赢得竞争优势 [M]. 张群群，陈北，译. 上海：上海人民出版社，2005.

　　② 同①.

2.2.3 基于生态学理论的解释

1. 第三方交易平台生态圈的生成

以生态学的观点研究交易活动中人与环境的关系，有助于我们更好地认识第三方交易平台与用户、用户与用户的互动关系以及第三方交易平台的形成和演化规律。第三方交易平台、卖方、买方及其他社会组织，还有所处的自然环境和政治、经济、文化等社会环境，构成一个生态圈。

未来的商业竞争将转变为平台生态圈之间的竞争。构建强大的生态圈对于平台企业发展来说具有重要意义。阿里巴巴之所以成为第三方交易平台中的龙头企业，就在于其围绕电子商务、社交、支付、物流等建立起了强大的生态圈。

2. 第三方交易平台生态圈的特征

（1）开放性特征

第三方交易平台生态圈与自然生态圈类似，它不是对外完全封闭的孤立体系。相反，生态圈中的各层次都保持着对外开放的状态，与外界频繁地进行着物质、信息和能量的交换，并从中得到反馈，改进自己。对外开放是生态圈保持生机和活力的关键。

（2）协同进化特征

第三方交易平台的结构、特性和系统功能是个体、群体、群落以及相关主客体环境协同进化的产物，第三方交易平台拥有一整套机制和规范，吸引着不同群体加入，激励着这些群体互动、创新，在满足自己需求的同时也让其他人得到满足，在实现自我价值的同时达成平台对于价值的追求。

（3）物竞天择的选择机制

与其他资产专用性强的行业相比，第三方交易平台准入门槛不高，准入门槛与所得利润之差吸引了众多企业涌入，同行竞争激烈。自然选择带来了平台组织形式的变迁，组织形式的变迁进一步强化了组织的生存能力和适应能力，一旦环境出现变化，物竞天择的选择机制又将带来新的组织形式的变迁。

3. 第三方交易平台生态圈的动态平衡与演进

（1）动态平衡

第三方交易平台生态圈的各个组成部分在发展演化的过程中经常处于相对适应和相对稳定的状态。这种状态，就是我们所说的动态平衡。这是一种需要与外界不断进行物质、能量和信息交换来维持的平衡状态。这种状态不是保持生态圈不变，而是保持生态圈的稳定状态或使生态圈进入更高级的平衡状态。一旦内外交换停止或内部协同紊乱，超过生态圈的自我调节能力，这种内在稳定机制就很可能被破坏，生态圈就会失去生机和活力，这称为生态失衡。

（2）发展与演进路径

第三方交易平台自古有之，其经历了从简单到复杂、从低级到高级的演进过程。从单业务运作到产业链的延伸，再到平台的跨越，第三方交易平台不断完善、不断进化。历史上的每一个时期，都有大量第三方交易平台产生，经过优胜劣汰，生存下来的第三方交易平台必然在生态圈内部以及外部形成协同化以及共赢的组织模式，各平台企业间以及平台内部形成合理的分工与合作，彼此之间相互联系、相互依赖并相互竞争。

2.2.4　基于双边市场理论的解释

国内外很多学者（Wright，2004；Rochet et al.，2004；胥莉等，2006；等等）对双边市场理论进行了深入研究，对上述学者的观点进行总结，可以得出双边市场具有以下特征：存在一个双边或者多边的平台结构；具有依赖与互补性的两组或者多组用户；网络效应、价格结构非中性。第三方交易平台正是具有双边市场特征的一种组织形式，买卖双方存在需求的互补性，双方在平台交易服务的支持下开展交易活动。网络效应和价格结构非中性是第三方交易平台两个重要的特征，这两个特征对于平台的生成和良性发展有重要的作用。

1. 网络效应

网络效应来源于用户交互所产生的外部性，是某产品对用户的价值会随其他用户的使用而增加的现象。Katz 和 Shapiro（1985）指出，所谓的网络是通过对特定产品的使用形成的，这种网络不同于社会学中常说的人际关系网络，它是一种产品需求网络。网络效应在双边市场中是广泛存在的，网络效应有正负之分，效用增加则称为"正的网络效应"，效用减少则称为"负的网络效应"。根据其作用对象的不同，网络效应又可分为直接网络效应和间接网络效应。直接网络效应下，用户加入平台所获得的效用来自同类用户，即当某一边市场全体用户规模增长时，该边用户所获得的效用随之增加。间接网络效应下，一边用户规模的增长将影响另外一边群体使用该平台所得到的效用。无论是直接网络效应还是间接网络效应，其关注的焦点都在用户或者需求侧，因此通常又将其视为需求侧规模经济。

间接网络效应的存在对平台价值创造起到关键作用，其对平台的形成和竞争策略的选择都有重要的影响，因此，间接网络效应成为许多学者关注的重点。间接网络效应根据结果不同，可分为正的间接网络效应和负的间接网络效应。正的间接网络效应能够带来现有用户和新用户的正反馈，例如，在商品交易平台中，越多的买方加入平台，意味着越大的商机，将吸引越多的卖方加入平台；越多的卖方加入平台，意味着越丰富的商品、越优惠的价格，将吸引越多的买方加入平台，网络效应形成正反馈机制。当然，负的间接网络效应也是存在的，此时平台一边用户的行为会对平台另一边用户产生负面的影响，例如，某些电商平台因为存在销售劣质商品的商户而为消费者所警觉和远离。正的间接网络效应在用户之间产生正的外部性，用户难以自己内部化这些外部性，只能通过平台获得这些外部性效用。这给平台企业带来了创造价值的机会，平台企业通过机制设置来内部化这种外部性，激发正的网络效应，防止发生负的网络效应，创造价值。

在第三方交易平台中，间接网络效应实际上体现的是平台中供需匹配的市场激励作用，这种市场激励作用不仅存在于虚拟交易平台中，也存在于传统交易平台中。在传统交易平台中，商家在平台大量聚集，丰富的商品交易信息等吸引消费者前来与商家交易，大量消费者的加入降低了商家的获客成本，反过来又吸引更多的商家聚集于平台。传统交易平台往往通过扩大规模、多开店等方式来吸纳更多的商家和消费者，但由于受到空间、区位、资金等多种因素的影响，对外部性的吸收较为有限。基于网络的虚拟交易平台则突破固定交易场所的限制，设置虚拟的交易空间，交易者的聚集呈现不同的特点：买卖双方人数可以无限增加，增加一个用户的边际成本微乎其微。买卖双方可以快速进出虚拟交易平台，且进出虚拟交易平台的成本几乎为零。对于虚拟交易平台来说，如何聚集买卖双方，形成规模化的供需匹配，十分重要。一旦买卖双方形成一定的聚集规模且结构相对合理，便会吸引新的交易者继续加入平台，从而形成正反馈机制。买卖双方用户规模越大，带来的网络价值越大，能够成交的交易笔数和交易额越多，平台可以从中获取的交易剩余越多。因而，培育和增强平台的网络效应，不断吸引买卖双方加入平台，扩大经济流量，对平台的生成和发展起到关键性作用。

2. 定价策略与利益平衡

因为用户聚集产生的网络效应对平台生成和发展至关重要，所以平台企业针对用户的竞争十分激烈。用户多归属行为的存在会削弱平台的竞争力，迫于竞争的压力和对自身利益的追逐，平台企业会采取各种策略防止用户流失，并力图使这种外部性内部化，以此获取最大化利润，其中最主要的策略就是优化定价策略。双边用户需求价格弹性、间接网络效应的存在决定了双边市场的定价不同于单边市场。在完全竞争的单边市场中，定价主要考虑的是需求价格弹性和边际成本，按照边际成本等于边际收益的原则确定价格。在双边市场条件下，科斯定理以及边际成本定价理论难以适用，双边市场定价需考虑的因素更多，定价也更为复杂。对一边用户的定价不仅要考虑需求和成本，也要考虑对另一边用户的影响。

Rochet 和 Tirole（2004）对平台定价进行了研究，他们指出，具有双边市场特性的平台，其总的交易量和利润不但取决于交易参与用户的总费用，而且取决于费用在两边用户之间的分配。价格结构的任何变化都将直接影响平台用户的参与数量和参与程度。因此，研究相关因素如何影响平台的定价结构和定价策略，变得非常重要。影响平台定价策略的因素较多，包括价格弹性、用户的多归属行为、网络外部性、竞争的强度等。对双边市场的用户采用价格歧视（不对称定价）策略，能吸引用户参与交易，增加交易量和提高平台利润，并内部化平台两边用户的网络外部性，改善社会福利（Weyl，2009）。

2.3　第三方交易平台理论总结

第三方交易平台演化的影响因素具有多元化特征，任何对市场环境变化起到重要影响的因素都可能成为第三方交易平台演变的驱动力量。不同的历史时期，各因素在交易平台演变过程中发挥的影响力不断变化，其中，起主导作用的因素成为推动平台演化的重要力量，不同历史时期的组织形态是组织内外部力量相互作用形成的稳定均衡状态。

关于第三方交易平台的产生和变革，本章分别从专业化分工和交易成本理论、知识资产理论、生态学理论、双边市场理论角度进行了分析。

为了更好地描述经济演进的内在规律，探索第三方交易平台的理论归属，专业化分工是一个必要的研究起点。与专业化分工伴生的是"实现问题"。企业实际上是团队生产的产物，任何一个选择团队生产的经济人，都是生产者－消费者集合体，在供给自己劳动力或产品的同时，对其他商品或服务产生需求。无论是劳动力的买卖还是商品的买卖，都面临"实现问题"。有关分工水平演进受交易效率制约的思想，是斯密专业化分工思想的创造性发展，杨小凯给出了求解"实现问题"的新的思路，那就是提升交易效率。从社会分工角度来看，第三方交易平台介于生产者与生产者、生产者与消费者之间，运用技术、规则制定和交易服务等多种融合手段，为市场主体提供专业化的交易服务，能够降低交易成本和交易风险，提高交易效率。

从知识资产理论角度来看，组织的形成体现了知识的增长。信息（知识）流的传递在企业核心能力形成过程中发挥着重要作用，技术活动、组织活动和市场活动通过信息（知识）流的传递互相影响、互相作用并有机整合，共同构筑第三方交易平台的核心竞争能力。在信息技术的推动下，第三方交易平台的发展演化过程伴随着数据要素对物质要素的替代，带来数据要素投入成本的急剧下降，使得第三方交易平台服务能力不断增强。传统的组织管理范式难以适应新的需求，组织发展需要扁平化、分权化和柔性化的管理范式。

从生态学理论的角度来看，第三方交易平台、卖方、买方及其他社会组织，还有所处的自然环境和政治、经济、文化等社会环境构成了一个生态圈。在物竞天择的选择机制下，生存下来的第三方交易平台必然在生态圈内部以及外部形成协同化以及共赢的组织模式，各平台企业以及平台内部形成合理的分工与合作，彼此之间相互联系、相互依赖并相互竞争。

从双边市场理论的角度来看，第三方交易平台是具有双边市场特征的一种组织形式，网络效应和价格结构非中性是其两个重要的特征，对平台的生成和发展起到关键作用。在平台交易中，网络效应能够带来现有用户和新用户的正反馈，用户难以自己内部化这些外部性，这给平台企业带来了价值创造的机会。平台企业通过培育和增强平台的网络效应，不断吸引买卖双方加入平台，形成规模经济效应。为了将用户留在平台上，第三方交易平台企业必须保持合理的价格结构，使买卖双方利益得到最基本的保障。

3 市场交易的组织化与第三方交易平台的产生

3.1 市场的起源与交易中的矛盾

3.1.1 市场的起源

市场，原本是个空间概念，指人们交换商品的场所（袁家方等，1990）。追溯商品经济发展历史，最开始人类的交换仅仅是偶然发生的，并没有固定的时间和场所。后来，随着社会生产力的发展，不断调节生活余缺的需要使人们逐渐聚集在固定的场所进行交易，最为原始的市场形成。偶然的交易也逐步过渡到定时定期、固定地点的经常性交易。随着分工的出现和生产力水平的提高，人们对交换的依赖程度日益加深，人们各自的产品互为商品，交换的品种、数量不断增多，市场也逐渐在交通便利的地方固定下来。

在市场交易中，从事交易活动的组织和个人，我们称为市场主体，通俗地讲，也就是卖方和买方。市场交易是基于自愿、自利的原则进行的，无论是买方或者卖方，交易的动因都是满足自身利益。市场客体是市场交易的对象。商品之所以进入市场成为交易对象，一是由于被交换的商品种类不同，使用价值也不同；二是由于市场主体的需求各不相同。人们从事不同的生产活动，多余的产品需要出售，并需要购买各种自己必需的消费品和生产资料，用于日常生活和生产。

商品交易的过程是交易主体供需匹配的过程，交易过程中存在着空间、时间、估价、品质等多种矛盾，市场交易发展的过程也是人类不断克服交易中存在的各种矛盾，提升交易效率的过程。

3.1.2 商品交易中的矛盾

商品交易中的主要矛盾：供需空间矛盾和时间矛盾，供需商品品类矛盾和数量矛盾，供需商品估价矛盾和品质矛盾以及交易关系矛盾。

1. 供需空间矛盾和时间矛盾

供需空间矛盾主要指空间距离对买卖双方交易有制约，发货地点与收货地点距离的远近和物流效率的高低直接影响着交易成本。远距离的货物运输能否顺利到达收货地点取决于交通基础设施的完善程度，如公路、运河等基础设施的完善程度。在古代，山川、湖泊、河流等形成的自然障碍阻碍了交易范围的扩展，人们的交易主要集中在有限的范围之内。因此，供需空间矛盾是人们在做交易决策时需要考虑的一个重要因素。

供需时间矛盾体现为生产与需求时间差异带来的交易时间上的矛盾，如季节性生产与全年需求、全年生产与季节性需求，交易活动的顺利进行离不开对交易时间的组织。

2. 供需商品品类矛盾和数量矛盾

供需商品品类矛盾和数量矛盾体现为卖方所需出售商品的品类和数量与买方所需购买商品的品类和数量之间的矛盾。卖方需要考虑到所售商品潜在的需求量有多大。具体到某一类商品而言，供需商品数量矛盾体现在以下方面：当商品供给数量大于需求数量时，就会出现卖家商品销售不出去的风险；当供给数量小于需求数量时，买方将难以买到所需商品。供需商品品类矛盾由买卖双方决策上的差异造成，买方根据生产或者生活需要采购所需商品品类，卖方则根据潜在用户的需求选择所售商品品类，双方决策的出发点并不完全相同且存在信息不对称，从而导致商品品类矛盾。

3. 供需商品估价矛盾和品质矛盾

供需商品估价矛盾和品质矛盾主要源于买方和卖方的信息不对称，卖方往往掌握着自己所售商品的各种信息（质量、成本、数量等），为了卖个好价钱，卖方常刻意隐瞒对自己不利的信息，买家对此可能知之甚少，这种信息不对称使得买方对卖方所售商品的价格和品质难以做出准确的判断。并且，交易者面临的信息约束（成本约束、时滞约束和有限理性）使得信息不对称难以消除（程军，2003）。

4. 交易关系矛盾

一方面，交易关系矛盾体现为市场中交易双方利益诉求的不同和信息的不对称。买卖双方既存在需求上的互补，又存在利益上的冲突。买方希望购买性价比最高的商品，却缺乏商品和商户相关信息。卖方提供商品，存在信息上的优势，却希望通过提高商品售价最大化利润。

另一方面，交易关系矛盾也体现为市场中存在机会主义风险。投机者利用市场体系中存在的信息不完备、信用制度不完备等漏洞，在交易过程中做出投机行为。例如，为了卖出更高的价格，有的卖方对商品品质进行虚假描述，而在发货环节以次充好；有的买方在收到货物后拒绝支付款项；等等。

3.2　市场交易的组织

3.2.1　市场交易是一种组织化的交易

"组织"一词具有名词和动词两种词性。当"组织"作为名词出现时，多指组织内组成部分之间的配合关系或者组织结构的基本形式；当"组织"作为动词出现时，指一项活动发起、运作和管理的基本方式，属于组织行为的范畴。人类是一种社会存在，人总是天然地或自觉地或被迫地生存于各种组织之中。人的有组织性就是人的社会性（刘峰，2006）。组织的一个重要特点是能够为组织者和参与者带来利益。为了获得利益，人们为组织工作或者服从组织的统一安排，付出相应的劳动时间甚至各种资源或者其他代价。

市场交易是一种组织化的交易，目的是解决交易中的矛盾，以降低交易者在商品交易过程中的交易成本，这种交易成本的节约本身构成了市场交易的组织利益。这从一些自发形成的集贸市场中可以观察到，买方和卖方聚集在某一个地方进行交易，卖方能够更容易地卖出货物，买方也能够更容易地买到所需商品。这种切身体验吸引了更多其他的买方和卖方参与市场交易。

虽然没有专业的组织机构组织交易，但是人们由于发自内心的需要和冲动，主动参与进来，主动组织活动，以降低商品交易成本。例如，通过"货比三家"方式确定所要购买的商品的价格和品质；组织众多买家以团购的方式与同一卖家砍价；从多个商家处购买商品并统一运送；等等。由此可知，在集贸市场之类的初级市场中，所有的市场参与者都是市场的组织者，他们通过自己的努力，克服交易困难，解决交易矛盾，可以认为此时的市场是一个自组织系统。

随着生产力的发展和社会分工的深化，不同类型的市场交易组织陆续形成。市场交易组织的任务是组织市场交易，解决市场交易中的矛盾，实现交易行为的规范化和市场交易活动在时间、空间和交易主体等方面的组织化。与集贸市场相比，这些专业化的交易组织组织化程度更高，具有明确的组织目标、组织规章制度和组织结构。市场交易组织作为市场的重要组成部分，其出现的根本原因在于市场实现组织化的内在需要（张群群，1999），市场交易组织的不断发展和演变，是交易主体选择的结果。

在商品经济发展史上，政府往往作为市场的主要参与者出现，政府在组织中的作用主要有两个：一是规范市场交易秩序，二是给市场交易提供便利的"公共产品"。政府通过税收从市场交易组织中获益。

市场交易成本由交易者、市场交易组织和政府分担：涉及商品交易的成本主要由交易者自己支付，如保管、运输商品以及寻找合适的商品、商业谈判等费用；涉及市场的组织成本主要由专业化的市场交易组织和政府共同承担，政府主要承担作为社会"公共产品"的成本，市场交易组织承担运营某一具体市场或者提供某些服务的成本。在市场交易中，许多交易成本是市场参与者不愿意支付或者不被允许支付的。例如，与货币支付体系与制度、交通设施的修建、市场的规范管理等相关的交易成本。这种市场交易所需的成本较高的基础设施以及制度、规范等"公共产品"，其成本只能由政府承担。此外，市场活动作为社会活动的一部分，政府制定相应的制度和规则，对市场进行监督和管理，有利于市场交易活动的规范、有序开展以及社会的稳定，政府也能够据此获得相应的税收。因此，提供这些"公共产品"以获得税收等对政府而言也是其目的之一。

3.2.2 第三方交易平台的产生

1. 平台产生的根源：市场组织化的内在需要

回顾人类历史进程，我们发现，自生产力发展到出现剩余产品和私有制后，第三方交易平台形成的物质基础和社会条件就具备了。第三方交易平台作为交易组织的一种重要类型，其出现的根本原因在于实现市场组织化的内在需要。市场组织化包含多方面内容，如市场交易者及其交易行为的组织化、交易场所及物品交付的空间组织化、交易行为的时间组织化等。市场组织化客观上要求高度组织化、成熟的交易组织的出现和成长。第三方交易平台以其特有的组织化运作模式使得市场交易更加规范、有序，带来市场交易效率的提升和社会福利的增加。

2. 第三方交易平台的主要形式

第三方交易平台种类繁多，有商品交易平台（淘宝网等）、资金交易平台（蚂蚁财富等）、股权交易平台（证券交易所等）、劳动力交易平台（中华英才网等）等。依据平台经济类型出现的先后顺序和组织化程度，可以将第三方交易平台统一划分为3种主要类型：以商品集散地形式出现的早期第三方交易平台、以提供服务业实体平台形式出现的第三方交易平台、无实体（虚拟）平台形式的第三方交易平台。

（1）以商品集散地形式出现的早期第三方交易平台

主要表现形式为集贸市场等。

平台作为一种市场交易的空间或场所，自古至今一直存在，例如，我们可以将古代市集看作商品交易的最初平台，这最初平台是交易双方自发形成的，仅仅起到作为交易空间、调节市场供求的作用。自发形成的交易平台既无明显的地域界限，也无统一的管理组织，进场交易无须资格审查。伴随着经济和分工的发展，集市规模不断扩大，集市内部的分工和专业化逐渐产生，越来越多的集市逐渐分化为一些专业化的集市，如手工品市场、粮食市场、花卉市场等。

这种最初的交易平台，交易透明度不高，交易主体对产品价格缺乏足够的信息，人们只有增加搜寻次数才能获得有利的价格。这种自发形成的交易平台缺乏有效和规范的管理制度，对交易双方的行为约束软化，机会主义的泛滥使得市场交易总费用上升，损害了交易效率。

(2) 以提供服务业实体平台形式出现的第三方交易平台

主要表现形式为商圈、证券交易所、产权交易中心等。

在这个阶段，第三方交易平台作为利益主体，一般设有专门的实体建筑物作为交易场所，成立有专门的管理组织。为规范平台交易活动，制定相应的交易制度和规则，有专职的管理人员对平台交易进行管理。这样，第三方交易平台就演变为一种规范的经济组织，其组织形式、交易规则、市场管理等都较自发形成的集贸市场有极大的进步。换言之，第三方交易平台从过去仅提供交易场所转变为专业化程度较高的交易平台。

此类第三方交易平台以实际存在的交易场所为标志，买卖双方在平台上进行商品交易，第三方交易平台则发挥提供交易场所、聚集买卖双方、提供交易基础设施（例如，度量工具等）、制定交易规则并监管等作用。此类交易平台通常提供的是面对面的交易服务，受时间、空间和管理能力的限制，市场范围有限，一般只存在于一些特定的行业，如农副产品、日常生活用品、建筑材料等。平台企业在制订组织目标时，需要考虑平台选址、本土化需求等因素，好的选址将覆盖区域内的客户，并吸引买卖双方进入。支付、物流等并不是制约交易顺利开展的要素。营业时间要考虑到人们惯常作息规律和营业需要。以证券交易所等形式出现的第三方交易平台，可以看作传统交易平台的升级，该类交易平台提供固定的交易场所，采用内部电子交易系统进行交易。

(3) 无实体（虚拟）平台形式的第三方交易平台

主要表现形式为电子商务网站等。

近年来，在互联网环境下，越来越多的企业基于信息技术构建虚拟交易平台，聚集买卖双方并提供交易服务，促成双方交易。基于互联网形成的市场被人们称为虚拟市场。按照交易主体的不同，基于互联网的第三方交易平台基本可以划分为 B2B、B2C、C2C。交易的客体主要为实体商品、数字商品和在线服务。

以虚拟平台形式存在的第三方交易平台，突破了交易的时空限制，一般来说，只要人们能够接入互联网，就可以在任何地点、任何时间进行交易，供求信息透明。在实际中，此类交易平台覆盖的行业范围较广，覆盖地区可以是全国或者某个地区，也可以扩展到全球，这些取决于企业平台的定位。对于此类平台来说，交易场所的选址并不重要，重要的是平台的定位、交易流程与交易规则的设置、交易支持服务（例如，交易软件、支付工具、物流等）的完善。互联网平台众多，如何吸引客户访问平台并形成交易，使得两边用户对交易平台产生持久的黏性，是平台企业在竞争中需要考虑的重要问题。

以商品集散地形式出现的早期第三方交易平台是交易双方自发形成的平台，不属于本书的重点研究对象。以服务业实体平台形式出现的第三方交易平台（以下简称传统实体交易平台）和无实体（虚拟）平台形式的第三方交易平台（以下简称虚拟交易平台），是以利益主体形式存在的专业化交易组织，是本书的重点研究对象。这两种平台都以市场交易组织为主营业务，二者有许多共同点：①具有有形或者无形的交易场所；②聚集交易双方/多方，众多成员存在竞争；③提供公平的交易规则并匹配交易；④平台管理，对交易者、交易过程进行监督和管理。虽然组织化的传统实体交易平台与虚拟交易平台存在许多共同点，但是"场所"发生了变化，由此带来交易规则、交易流程、平台运行管理等一系列变化。

3.3　信息技术发展对第三方交易平台的影响

3.3.1　信息技术发展为虚拟交易平台的形成提供了技术基础

信息技术发展给企业生产经营活动带来了深远影响，提供信息服务的第三方交易平台，更是将信息技术作为企业竞争优势之一，努力将自身塑造成信息密集型企业。在新的市场需求环境的引导下，平台企业的管理流程和组织结构发生重要变化，最为突出的表现就是基于互联网的虚拟交易平台的形成。

平台演变过程中，信息技术主要在两个方面给平台变革以支持：一是技术层面，它为平台企业提供工具支持，相关的软件、硬件等技术工具被平台企业用于进行数据处理等；二是战略层面，它是重新设计组织理念和结构的重要工具。基于信息技术构建的虚拟交易平台，通过技术组织框架设计和交易规则重设，改变了信息获取和流动的方式，重塑了组织内外各种利益平衡关系，带来了组织要素、组织行为和利益相关者行为的变化。

信息技术被平台企业应用于组织交易活动，成为制度化客体，进而变为组织结构的一部分。信息技术这一客体，对应着两个具有主观能动性的主体——平台组织者和交易用户。信息技术不仅被平台组织者用于构建虚拟交易场所（对应由一定软件、硬件构成的物质性结构体），也被平台组织者赋予不同的含义，成为体现不同交易关系的社会性结构体。平台各参与主体通过平台技术的组织而成为一个"系统"，在交易活动中不断互动，并最终影响平台交易组织方式的走向。信息在平台组织发展中起着支配作用，它是连接组织目标和有交易意愿的用户群体的重要纽带，起着维持市场交易关系正常"运转"的重要作用。平台企业组织活动的过程实际上也是信息在"系统"中不断流动的过程，包括信息收集、存储、加工和传递。"系统"结构越合理，各参与主体间的相互作用越协调。高晶等（2007）指出，信息技术与组织并不是短期的线性关系，而是有阶段的、长期的互动关系。这是由信息技术的复杂性、不确定性、互倚性以及组织结构的刚性决定的。[1]

3.3.2 基于互联网的虚拟交易平台的发展特点

信息技术的发展，尤其是互联网的广泛应用，给第三方交易平台带来了颠

---

[1] 高晶，关涛，王雅林. 信息技术应用与组织结构变革的互动研究 [J]. 科学学与科学技术管理，2007（10）.

覆性变革。近年来，阿里巴巴、亚马逊等一批交易平台以信息技术为手段，通过发现和创新商业模式，得到快速发展。第三方交易平台在现代化经济体系中显现出越来越重要的作用，越来越成为新经济时代重要的产业组织形式。

基于互联网的虚拟交易平台，呈现以下发展特点。

1. 组织能力在空间和时间上延展

基于互联网的虚拟交易平台极大地延伸了交易双方的配对范围，大量的传统商业活动内容通过互联网以信息流的形式呈现出来，即使是实物流通，在信息技术的支持下，也可以通过网络实时查询，从而使虚拟与现实各个环节紧密相连，传统商业活动中的人、货、场在空间和时间上得到最大限度的延展。数字化信息通过互联网快速传播，远程交易成为现实，买卖双方可以在全球任意能够登录虚拟交易平台之处实现交易。尤其是移动互联网的发展，使消费者可以随时随地通过移动网络浏览自己所需产品，进而一键下单。高度碎片化的时间得以有效利用，人们不必再为了交易而浪费大量的时间和精力以及花费相关的交通费用。

传统实体交易平台难以克服地理空间上的边界约束，这极大地限制了平台上的交易商家以及商品的种类和数量，难以形成充分竞争，无法实现最有效率的资源配置。虚拟交易平台则突破了传统实体交易平台的空间和时间限制，为买卖双方提供了在更大的时空范围内进行交易匹配的机会。人们不再受交易空间和时间限制，而将更多的注意力转向品质、价格等商品本质特征。企业也不一定要聚集在特定的地理位置设立店铺，即使地理位置分散，只要在虚拟空间聚集，企业同样能获得交易聚集效应。

2. 交易平台规模迅速扩大

借助面向互联网的信息技术，各类巨型网络交易平台逐步形成，高效的匹配系统使供给与需求有效对接，商品流通环节得以优化，交易效率大幅提升，消费需求得以最大限度释放和满足。

国家统计局发布的《中华人民共和国 2022 年国民经济和社会发展统计公报》显示，2022 年电子商务交易额为 438299 亿元，按可比口径计算，比 2021 年增长 3.5%。在 B2C 网络交易平台市场中，形成了天猫、京东、唯品会等巨型交易平台，在 B2B 网络交易平台市场中，形成了阿里巴巴等巨型交易平台。

巨型网络交易平台的产生，与信息技术带来的交易成本降低和交易流程优化有很大关系。高效的信息流通，突破了时空限制，并节约了大量实体要素投入，提高了运作效率。

3. 细分市场在"虚拟空间"得以整合

传统交易中，第三方交易平台根据交易大众的需求设置细分市场，进行价值创造和传递，小众需求则往往被忽略；在互联网环境下，平台组织方在信息技术的支持下搭建系统和平台，众多的细分市场完全可以整合在一个虚拟交易平台，分散的价值创造形式被整合的价值创造形式所取代。借助网站中的产品目录，交易者可以很容易地寻找到需要的细分市场并进行交易，从而使异质化需求得到满足。

4. 交易平台从"封闭"走向"开放"

基于互联网的第三方交易平台以虚拟的交易空间逐渐替代一些线下交易场所，从而以"虚拟"的开放性突破了传统"实体"边界的封闭性。这表现在以下几个方面：线下任何企业或个人，都可以通过互联网进入虚拟交易平台；虚拟交易平台具备充分的动态性和弹性，先天的开放性和全球化属性，使全球范围内的买方和卖方都能够动态进入其中，平台规模会因买方和卖方的进出动态变化。

4 第三方交易平台需求者行为分析

4.1 市场交易条件

4.1.1 市场交易的流程

交易市场的形成离不开 3 个要素：潜在买方、潜在卖方和市场交易条件。市场交易条件是支持交易完成的各种条件的总称。市场交易是一个交易组织化的过程，市场组织效率是用来度量市场（参与者达到交易目的）便利程度的。每一笔交易的顺利进行，不仅依赖参与者对交易过程的充分组织，且与市场交易条件的高度完善密切相关。市场交易条件越完善，市场组织效率就越高，就越能够节约市场交易成本。

具体到市场中某一笔交易的达成，其基本流程如下：

1. **交易前**

交易前的准备工作包括对商品的外观、质量、价格等信息进行查询；选择交易对象；选择交易方式；与交易者进行初步沟通等。

2. **交易中**

交易中进行的活动包括交易谈判、交易合同签订、物流方式与支付方式选择等。

3. **交易后**

卖方要积极准备货源，按期发货至合同约定地点并提供售后服务等；买方一般要进行订单查询、货款支付并要配合收货等。

4.1.2 市场交易达成的基本条件及保障条件

按照市场交易达成的基础进行分类，市场交易条件可分为基本条件和与基本条件相配套的保障条件。

1. 市场交易达成的基本条件

对参与交易的双方来说，达成交易需要一些基本条件：

（1）双方拥有必要的交易信息量

在市场中，买方需要搜寻到满足自己需求的商品信息（价格、数量、质量等），卖方也需获得满足其销售需要的基本信息（目标用户群的产品需求种类、数量，所处地理位置等）。只有买卖双方都获得必要的交易信息量，交易才有可能达成。因此，交易信息的获取是市场交易的基本条件之一。交易信息获取的方式和技术手段将直接影响交易信息的数量和质量。

（2）双方互信

当交易主体对交易对手持认可态度，认为交易对手一定程度上不会违约时，才会达成交易合约，进入交易执行阶段。当然，在一手交钱一手交货的情况下，从交易到交割几乎没有时滞，双方互信的要求相对较低。而在其他情况下，交易环节往往存在时空上的不一致，这就对双方互信提出了较高要求。单靠个人的自律行为难以有效避免市场中的投机风险，因而，多数情况下，为了保证交易顺利完成，需要借助第三方信用保障机制。

（3）双方互利

在市场交易中买方获得商品，卖方获得收益，买卖双方各取所需，只有双方都认为交易对自己有利时交易行为才会发生。需要说明的是，双方互利并不是双方获利均等。在市场交易中获利的多少受市场供求、生产成本等因素的制约，有时获利多，有时获利少，但只要是双方根据各自需要自愿进行的交易，就不违背双方互利原则。

（4）双方具有履行交易合约的能力

只有当交易市场上同时存在具有履行交易合约能力的买方和卖方时，

交易才有达成的可能。买方必须具有支付能力，超出买方支付能力的需求并非有效的市场需求。卖方必须具有合约约定的商品交付能力。如果商品交易存在实物的交付则涉及物流环节，物流环节的效率将直接影响买方客户的满意度，进而影响卖方商品销售，而且会对卖方的交易成本带来直接影响。

2. 市场交易达成的保障条件

为了便利和繁荣市场交易，一些与基本条件相配套的交易保障条件应运而生（见图 4 - 1）。

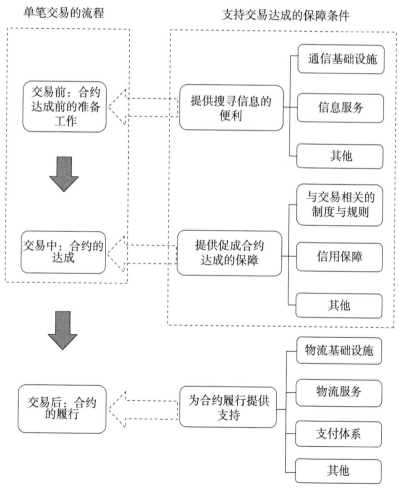

图 4 - 1　交易保障条件

下面介绍市场交易达成的几个重要的保障条件。

（1）与交易相关的制度与规则

与交易相关的制度与规则是规范人们交易行为、协调交易关系中矛盾的有力工具。

诺斯（1994）指出，制度是一个社会的游戏规则，或更规范地说，它们是为决定人们相互关系而人为设定的一些制约。据此，他将市场中存在的制度区分为正式制度（规章、法律等）和非正式制度（惯例、习俗和伦理道德），并指出制度的主要功能是规范人的行为，防止在交易中出现机会主义行为，以减少交易的不确定性，帮助交易主体达到"稳定"的预期，减少交易费用①。

具体来说，在交易市场中，正式制度包括国家法律、货币制度、市场章程、交易规则等。此外，市场交易组织一般还会根据市场的不同设计自身的交易制度，如交易规则、交易流程以及结算方式等。

非正式制度是指人们在长期生活中逐步形成的价值观念、伦理道德、生活习俗以及一些行为惯例等。

从惯例、习俗、伦理道德等非正式制度到交易组织的规章、国家的法律和法规等正式制度，是一个约束力越来越强但灵活性越来越弱的过程，违反具有强约束力的制度，将会给人们带来惩罚。例如，法律要求人人遵守，违法者必将受到法律严惩；违反市场交易规则，则可能被罚款甚至被取消进入市场的资格。因此，强约束力的制度会给交易参与者更确定的预期，有利于减少交易中的不确定性及机会主义行为，能够维护和优化整个市场交易秩序，提升交易效率。

与市场交易相关的制度和规则的制定主体既可以是国家，也可以是各类交易组织。在现代社会组织中，国家是一个基础组织，其他一切组织可以说都是"嵌套"在国家组织之中并在国家组织之内发挥作用的（刘峰，2006）。因此，作为次一级组织的交易组织，必须以国家的组织制度和规则（如法律

---

① 诺斯. 制度、制度变迁与经济绩效［M］. 刘守英，译. 上海：上海三联书店，1994.

法规、支付制度、市场交易规范等）为基础，根据市场交易需求和惯例来制定自己的特定组织制度和规则。各项制度的制定，有助于规范市场主体的交易行为和市场主客体进出市场的秩序，确保交易活动顺利实现。

制度和规则往往是在交易中因势利导形成的，对制度和规则的合理利用，反过来可以有力地保障交易顺利进行。市场各级监管部门依据相应的交易制度、交易规则和自己的管辖权限，来维护交易者的合法权益，确保市场参与者都能按照市场经济的运行规则做出适当行为，避免他们的合法权益因市场失灵及各种不当行为侵扰而受到损害。

（2）信用保障

在商品交易中，买卖双方在交易时间和空间上往往不一致，从而使商品运动和货币运动在时间和空间上脱节，容易滋生机会主义行为，带来交易风险。在传统的市场交易活动中，买卖双方依赖长期重复交易形成的良好口碑建立直接的信任关系。然而，市场中存在大量的偶发性交易，信任的缺失将导致交易时间延长、交易成本增加以及交易效率降低。尤其是电子商务的发展，使基于网络的交易有了许多新的特性，例如，交易双方在空间上的分离、付款交货在时间上的不同步、个人信息的匿名性等，都使网络交易相比传统交易具有更大的风险。如果每次交易都需要对风险进行识别，则需要进行大量的信息搜寻和信用鉴别工作，比如，对产品信息的获取，对买卖双方信用信息的获取与鉴别，对店铺经营资质信息的获取，等等，然后综合各种因素分析交易对方是否可信、商品质量是否有保障以及交易能否进行。可见，市场交易活动的开展客观上需要一定的信用保障，交易的信用保障需求就是在实际交易活动开展中逐步产生和发展的。

为了确保交易顺利达成，市场交易中所有的商业活动都需要以商业信用为基础，如交易合同的签订、订单的支付、商品的运输和存储等，其中，支付信用又以银行信用为后盾。在传统的面对面交易中，一手交钱一手交货的方式使得交易风险控制变得相对简单，而当商品运动和货币运动在时间和空间上脱节时，交易风险控制变得复杂起来，交易者通常需要以诸如面对面沟通、书面合同以及事后法律诉讼等方式来控制交易风险，但这很可能会大大增加交易成本。作为中介的交易组织，则可以通过制定交易规则并对买卖双方交易过程进行管理来降低该部分交易成本。

（3）基础设施与信息、物流等服务的提供

基础设施是一个国家经济发展的社会先行资本，承载了经济与社会活动的方方面面。通信基础设施、物流基础设施等的建设，给市场交易带来极大便利，提高了市场交易效率。近年来，云计算、大数据等的发展，更是为用户便捷、低成本地使用计算资源打开了方便之门。这些新的基础设施，正"叠加"于原有的农业基础设施、工业基础设施，在市场活动中发挥越来越重要的作用。

纷繁复杂的各类市场交易，使专业化的物流、信息等服务性企业借助新的基础设施建设，实现了货物集约化仓储、运输和配送等，为交易者提供了专业化的交易信息服务。

（4）支付体系

支付体系包含支付工具和支付方式，是市场交易顺利完成的重要支撑条件。支付体系在方便市场交易、规范结算行为、防范支付风险、提高资源配置效率等方面发挥着极其重要的作用。在传统的支付体系中，支付工具和支付方式是泾渭分明的，支付工具包括现金等，而支付方式的选择主要受支付时间等影响，例如，国内贸易中的货到付款、预付货款等，外贸中的收付汇、信用证等。电子商务掀起了一场"支付革命"，创造性地将传统的支付工具和支付方式紧密结合起来，形成具有信息化时代特色的支付体系，比较具有代表性的是网络银行和第三方支付业务的形成和发展。

从上面的分析中我们可以看到，市场交易的达成是需要条件的，除了基本条件，还需要保障条件，保障条件的存在使得买卖双方交易成本得以降低，使一些仅依靠买卖双方能力无法完成的交易得以实现。市场交易的保障条件可以看作买卖双方进行交易所依存的外部条件，这些外部条件包括交易规则与制度、通信基础设施、支付体系等，共同起着降低买卖双方交易成本的作用。这些保障条件有的是以"公共产品"的形态由国家提供的，如货币支付体系与制度、交通设施等，有的是以"私人产品"的形态由市场中介组织

（这里主要指营利性的中介组织，如第三方交易平台企业、物流企业等）提供的。在国家提供交易保障条件的基础上，市场中介组织承担着运营某一具体市场或者提供市场某些功能的任务，为买卖双方交易提供支持，降低交易成本，并据此获得收益。如果市场缺乏这些中介组织，则需要买卖双方在国家提供的交易保障条件基础上自行满足所需的交易条件，否则交易将无法达成。

4.2　买卖双方对第三方交易平台的需求决策

4.2.1　交易方式的选择

在社会经济活动中，存在多种市场交易方式。

程军（2003）指出，在完全竞争的市场交易和一体化的企业交易之间存在着大量中间性的合约安排，并由此形成了各具特点的交易方式或交易组织。无论采用哪种交易方式，交易者都只有具备相应的交易条件才能达成交易。具体采取哪种交易方式，取决于交易者对交易条件的满足能力以及降低交易成本的需求。如果双方能够自行满足交易所需的条件，则交易双方通常选择直接交易，如面对面交易；卖方企业设立专卖店进行销售，我们可以认为是面对面交易的进化，卖方企业为了方便买家在固定的地点找到其产品，以设立专卖店的方式进行面对面交易，专卖店的交易更加规范，产品稳定的质量和较为稳定的价格，降低了双方谈判和签约的成本，但买方需要承担前往专卖店的交通费用等；当买方和卖方依靠自身的能力无法满足所需的交易条件或者满足所需的交易条件成本较高时，借专业化的第三方交易平台开展交易将是一个占优策略。

4.2.2　买卖双方对交易平台的需求决策分析

第三方交易平台在组织交易时实际上处于中介地位。《新帕尔格雷夫经济学大辞典》在讲述中介作用时指出，"一个纯粹的中间商通过帮助其他交易者节省交易成本，把他对社会产品的贡献从任何与生产有关的贡献中提取出来。

因此，交易成本是理解中介作用和市场结构的关键"①。

下面，我们基于交易成本理论，通过一个模型来探寻买卖双方对平台降低交易成本的需求决策。在商品交易中，买卖双方分别按照自己的效用函数进行交易决策，为方便分析，我们做出如下假定。

假定1：同量同质商品 X 给买方带来的效用相等，即买方采用任何交易方式从任何卖方买到 Q 单位商品 X 所获得的效用是相等的。

假定2：买方和卖方总是厌恶货币支出，即其他情况不变，货币支出越多效用损失越多。

假定3：买方执行一笔购买 Q 单位商品 X 的交易，在单价为 P 时需负担的总交易成本 T_b 由两部分即直接货币支出（如交通费）和非货币损耗（如搜索信息、比价、讨价还价等花费的时间和精力）组成。对任何非货币损耗，买家都可以确定对应的愿意支付的最大货币金额，以避免此部分损耗。我们将此金额称为买方非货币损耗类交易成本的"价格"，这样，买方总交易成本可以以一定量的货币表示。

假定4：卖方执行一笔销售 Q 单位商品 X 的交易，在单价为 P 时需负担的总交易成本 T_s 也分为直接货币支出和非货币损耗两部分。对任何非货币损耗，卖家都可以确定愿意放弃的最大销售收入金额，以避免此部分损耗。我们将此金额称为卖方非货币损耗类交易成本的"价格"，这样，卖方总交易成本也可以以一定量的货币表示。

对商品 X 的买方来说，买到商品可以增加效用，付出货款和承担交易成本带来效用减少，只要买到一定量商品 X 带来的效用增加量大于或等于为买到这些商品所付出的效用损失总量，买方即愿意进行该笔交易。在此，Q 单位商品 X 带给买方的总效用可以用买方愿意为此支付的最大货币数额 $E(Q)$ 来表示，$E(Q)$ 为大于 0 的常数，且处于买方资源约束条件范围内。

买方愿意在单价为 P 时购买 Q 单位商品 X 的充分必要条件为：

---

① 伊特韦尔，米尔盖特，纽曼. 新帕尔格雷夫经济学大辞典［M］. 北京：经济科学出版社，1996.

$$PQ + T_b \leqslant E(Q) \tag{4.1}$$

也就是说，只要买方购买 Q 单位商品 X 的总交易支出小于等于买方愿意为得到 Q 单位商品 X 支付的最大货币数额 $E(Q)$，买方即愿意购买。

对商品 X 的卖方来说，销售收入增加带来效用增加，交易成本增加带来效用减少。卖方销售 Q 单位商品 X 的净交易收入可表示为总价款 PQ 与总交易成本 T_s 的差。对每笔交易，卖方可接受的最小净交易收入 $R(Q)$ 为大于 0 的常数。只要一笔交易的销售收入超过卖方预期的最小净交易收入，且超出部分带来的效用增加量大于等于为完成该笔销售所付出交易成本带来的效用损失量，卖方即愿意进行该笔交易。

因此，卖方愿意以单价 P 售出 Q 单位商品 X 的充分必要条件为：

$$PQ - T_s \geqslant R(Q) \tag{4.2}$$

也就是说，只要售出 Q 单位商品 X 的净交易收入大于或等于卖方可接受的最小净交易收入 $R(Q)$，卖方即愿意出售。

1. 双方直接交易方式下的决策

买卖双方直接交易方式下（即不通过第三方交易平台交易），对于拟购买 Q 单位商品 X 的买方 i（$i = 1, 2, \cdots, n$）来说，其决策服从式（4.1）。

假如买方 i 和卖方 j（$j = 1, 2, \cdots, n$）以单价 P 达成一笔买卖 Q 单位商品 X 的交易，定义此时买方 i 总交易支出为 $PQ + T_{bij}$，其中，T_{bij} 表示与卖方 j 以单价 P 成交 Q 单位商品 X 时买方 i 需支付的总交易成本；定义此时卖方净交易收入为 $PQ - T_{sji}$，其中，T_{sji} 表示与买方 i 以单价 P 成交 Q 单位商品 X 时卖方 j 需支付的总交易成本。

定义此时买方 i 获得的交易剩余：

$$\Lambda_{bi} = E_i(Q) - (PQ + T_{bij}) \tag{4.3}$$

Λ_{bi} 表示买方 i 为完成此笔交易愿意支付的比实际支付的多的部分。Λ_{bi} 越大，买方 i 效用越高。

类似地，定义此时卖方 j 获得的交易剩余：

$$\Lambda_{sj} = (PQ - T_{sji}) - R_j(Q) \tag{4.4}$$

Λ_{sj} 表示卖方 j 为完成此笔交易实际获得的收入比最小愿意接受的收入多

的部分。Λ_{sj} 越大，卖方 j 效用越高。

买卖双方总交易剩余 $\Lambda = \Lambda_{bi} + \Lambda_{sj}$，代入式（4.3）、式（4.4），有：

$$\Lambda = [E_i(Q) - R_j(Q)] - (T_{bij} + T_{sji}) \qquad (4.5)$$

显然，当其他情况不变时，总交易剩余与买卖双方各自承担的交易成本之和负相关。

2. 是否通过第三方交易平台进行交易的决策

如果买方 i 和卖方 j 通过平台 A 进行 Q 单位商品 X 的买卖询价，以单价 P 达成交易时，买卖双方各自需承担的交易成本分别为 T'_{bij} 和 T'_{sji}，如果 $T'_{bij} + T'_{sji} \geq T_{bij} + T_{sji}$，那么与双方直接交易方式相比，通过平台 A 进行交易不能使买卖双方效用同时增进，如一方效用增加，必然伴随另一方效用的减少。此时，买卖双方至少有一方不同意放弃直接交易方式而通过第三方交易平台 A 完成交易。只要交易双方中任一方不同意，交易就无法进行，结果是买方 i 和卖方 j 不会选择通过平台 A 进行交易。

如果 $T'_{bij} + T'_{sji} < T_{bij} + T_{sji}$，则可能的情形有以下 3 种：

情形一，$T'_{bij} < T_{bij}$ 和 $T'_{sji} < T_{sji}$ 同时成立，此时，买卖双方通过平台 A 进行交易，双方的交易剩余都有所提升。这种情况下，买卖双方必然放弃直接交易方式，转而通过平台 A 进行交易。

情形二，$T'_{bij} < T_{bij}$ 但 $T'_{sji} > T_{sji}$，或者 $T'_{sji} < T_{sji}$ 但 $T'_{bij} > T_{bij}$，这种情形下，通过平台 A 进行交易，买卖双方中只有一方提升交易剩余，另一方交易剩余下降，交易剩余下降的一方不同意通过平台 A 交易，结果是买卖双方不会选择通过平台 A 进行交易。

情形三，$T'_{bij} < T_{bij}$ 同时 $T'_{sji} = T_{sji}$，或者 $T'_{sji} < T_{sji}$ 同时 $T'_{bij} = T_{bij}$，这种情形下，通过平台 A 进行交易，买卖双方中的一方提升交易剩余，另一方交易剩余不变，交易剩余不变的一方可能选择通过平台 A 交易，也可能不选择。

在情形二和情形三中，除非交易剩余提升的一方将所提升的交易剩余中的一部分让渡给另一方，使双方都提升交易剩余，否则，交易剩余不变或下降的一方没有选择通过平台 A 进行交易的动力。

3. 第三方交易平台对买卖双方决策的引导

如果平台 A 具备降低买卖双方总和交易成本的能力，即 $T'_{bij} + T'_{sji} < T_{bij} + T_{sji}$ 成立，则可以基于这种能力主导所提升交易剩余的分配，此时，平台 A 提升的总交易剩余 $\Delta = (T_{bij} + T_{sji}) - (T'_{bij} + T'_{sji})$。

当情形一出现时，$T'_{bij} < T_{bij}$ 和 $T'_{sji} < T_{sji}$ 同时成立，买方和卖方通过平台 A 交易将分别获得数量为 $(T_{bij} - T'_{bij})$ 和 $(T_{sji} - T'_{sji})$ 的交易剩余提升。平台 A 可以向买卖双方任一方或双方同时收费，只要对任一方收取的费用不超过其提升的交易剩余，就不会改变买卖双方选择通过平台 A 来进行交易的决策。

当情形二或情形三出现时，意味着比起直接交易，通过平台 A 交易买卖双方只有一方交易成本减少，另一方交易成本不变或上升。如果交易成本减少的是卖方，则有 $T'_{sji} < T_{sji}$ 与 $T'_{bij} \geq T_{bij}$ 同时成立。

考虑到 $\Delta = (T_{bij} + T_{sji}) - (T'_{bij} + T'_{sji}) > 0$，因此必然存在均大于 0 的 Δ_1、Δ_2、Δ_3，使得 $\Delta = \Delta_1 + \Delta_2 + \Delta_3$ 成立。

此时平台 A 可以向卖方收取大小为 $(T_{sji} - T'_{sji}) - \Delta_1$ 的费用，同时向买方支付大小为 $\Delta_2 + (T'_{bij} - T_{bij})$ 的补贴。

结果卖方 j 实际获得的交易剩余提升为 $(T_{sji} - T'_{sji}) - [(T_{sji} - T'_{sji}) - \Delta_1] = \Delta_1$；买方 i 实际获得的交易剩余提升为 $[\Delta_2 + (T'_{bij} - T_{bij})] - (T'_{bij} - T_{bij}) = \Delta_2$；平台获得的净收入为 $[(T_{sji} - T'_{sji}) - \Delta_1] - [\Delta_2 + (T'_{bij} - T_{bij})] = \Delta_3$。

如果交易成本下降的是买方，平台 A 可以通过类似的策略，即向买方收费以补贴卖方的策略得到同样的结果。

上述推导说明，在非平台方式下，买方 i 和卖方 j 以单价 P 达成一笔 Q 单位商品 X 的交易，如果平台 A 能将买卖双方各自承担的交易成本之和降低 Δ（能将买卖双方的交易剩余之和提升 Δ），只要平台 A 愿意，就可将 Δ 分成均大于 0 的 Δ_1、Δ_2、Δ_3，分别由卖方 j、买方 i 和平台 A 占有，则"理性的"卖方 j 和买方 i 愿意通过平台 A 完成交易，且分别获得至少 Δ_1、Δ_2 的交易剩余，同时平台 A 从该笔交易中能获得 Δ_3 的收入。这就是平台 A 基于降低买卖双方总和交易成本的能力从撮合交易中获得收入的核心逻辑，也是买卖双方选择在第三方交易平台进行交易的主要原因。

4.2.3 买卖双方的交易成本结构

我们在分析市场交易形成的条件时指出，国家提供的保障条件通常是以公共产品的形式存在的。事实上，无论是平台交易还是非平台交易，都是以国家提供的保障条件为基础的，因此，该部分产生的交易成本不应当成为本书分析的重点，当然，现实中存在的一些准公共产品，是需要收取适当费用的，如物流基础设施（高速公路、铁路等）的使用费，此类费用应当计入交易双方的交易成本。我们观察到，在实际生活中不同类型的交易所需要的交易条件是不同的，甚至同一类型的交易也会由于买卖双方自身所具备条件的不同而不同，因此，不同交易主体间存在着不同的交易成本函数。下面我们从买卖双方交易流程的角度出发，尝试性地对买卖双方普遍存在的交易成本进行细化分析。

对买方 i 而言，其交易成本 T_{bi} 主要包括：信息搜寻成本（搜寻商品价格、质量、数量等信息产生的费用）；前往交易平台的成本（体现为交通费或者上网费）；与卖方达成合约的成本（包括讨价还价、签约等的成本）；履行合约的成本（支付活动的费用、由买方承担的运输费用、交易中的风险产生的费用等）。

对卖方 j 而言，其交易成本 T_{sj} 主要包括：信息搜寻成本（搜寻交易对手、市场行情等信息产生的费用）；前往交易平台的成本（体现为交通费或者上网费）；加入平台的成本（店铺租金、增值服务产生的费用等）；吸引交易对象的成本（广告、直接推销、参加平台活动等产生的费用）；与买方达成合约的成本（包括讨价还价、签约等的成本）；履行合约的成本（支付活动的费用、由卖方承担的运输费用、交易中的风险产生的费用等）。

对传统交易平台而言，即便只提供最基本的交易场所服务，也能显著降低买卖双方的信息获取和合约达成成本。高度组织化的交易平台通过以知识为基础的技术能力、组织管理能力以及从事市场活动的能力，形成核心竞争能力，为买卖双方在交易场所提供交易流程优化、交易信息获取、交易规则制定、交易匹配等方面的便利和保障，从而降低买卖双方交易成本。并且，交易主体在平台内的聚集达到一定规模，内生的聚集效应吸引更多的交易主体加入平台，使得平台降低交易成本的能力进一步增强。

4.3 交易者的聚集效应与聚集行为

以上我们利用公式推导了买卖双方进行单笔交易的决策，分析了买卖双方对第三方交易平台的需求和第三方交易平台获取收入的核心逻辑。但是，单笔交易与多笔交易存在着非常重要的区别，这主要体现为多个买方和卖方集中交易所形成的聚集性、规模化和外部性等特征，由此产生的经济效应我们称为聚集效应。

4.3.1 交易者的聚集效应

第三方交易平台能够促进人、物、信息流向一定的空间并聚集，由此便会产生聚集效应。聚集效应可分为正向的聚集效应（如为交易者带来经济效益）和负向的聚集效应（如带来交通拥堵、环境污染等负面影响）。第三方交易平台的出现以及管理能力的提升，使得聚集效应主要表现为正向的聚集效应。下面，我们重点分析交易者的聚集行为能够带来哪些正向的聚集效应。

1. 缓解交易的时空矛盾

我们以集贸市场为例进行说明。集贸市场的影响力通常只能覆盖到它周边的一些区域，如果距离太远，就会给交易带来困难。我们通常可以观察到在不同的地域同时存在着不同的集贸市场，这些分散的集贸市场为生活在周边的人们提供了更加便利的交易条件，解决了交易中存在的供需空间矛盾，使人们搜寻商品交易信息和交易者的时间大大缩短。

为了便于集中交易，初级形态的集贸市场通常会规定交易时间。生产力的发展使生产者能够生产出越来越多的商品，时间和精力上的冲突使生产者必须在生产与销售之间做出选择，于是社会分工进一步深化，商品由专门进行销售活动的商人收购并出售。商人为了卖出更多商品、获得更多收益，将主要的精力和时间用于交易，他们通常会在固定的交易场所、规定的交易时间等待买方购买商品。

这是早期的交易平台对供需时空矛盾的缓解，在信息技术发展的今天，虚拟的网络交易平台使得交易的时空范围进一步扩展。人们选择网络交易平台进行交易时，不必再将货物集中于市场内或者市场附近，现代化的长途物流运输网络和短距离快速配送的有机衔接，使得单个卖方和单个买方之间的商品运输变得快速、便捷且成本低廉。人们可以随时随地通过互联网进行商品交易，商品交易的可选范围也大大扩展了。由此，商品交易的时空约束被彻底打破。

2. 缓解商品供需矛盾，具有显性的价格形成作用

平台的集中交易对解决商品供需的数量矛盾、品类矛盾、产品估价矛盾和品质矛盾起到重要作用。在非集中式的交易中，买卖双方直接讨价还价、达成协议。这种一对一的接触，交易过程和信息除了交易者双方其他人都不知道。交易主体间的利益冲突往往使交易匹配效率不高、成本较高。信息的不对称还容易产生机会主义行为，使交易一方的成本陡然变高。在平台的集中交易中，供应方与需求方大大增加，供需双方都有更多的交易对象可选择，更容易形成较为一致的市场均衡价格，匹配效率提高，匹配成功的可能性也得以增大。

随着网络市场的发展，更多的商家、更多的商品品类信息通过网络交易平台提供给买方，这大大缓解了供需矛盾。网络交易平台上的比价系统，使得所有商家同一商品的售价信息一览无余，评价系统使买卖双方可以通过其他用户的体会获得另一方及商品的相关信息，从而辅助买卖双方作出交易决策。较之传统的集中交易市场，网络交易平台的交易过程是在信息传输基础上进行的，顾客无法通过感官直接接触物品，只能通过网店的介绍和其他顾客的评价等途径获取相关信息。因此，信息获取是否充分将直接影响买家的购买行为和感受。然而，大多数人的购买体会并不一定与个体感受相一致，这使得网络销售在快速增长的同时也增加了退货成本。

3. 形成网络效应和规模经济效应

交易者聚集形成供需匹配的市场激励作用，形成网络效应和规模经济效应，为交易双方带来交易的外部性，主要体现在以下 3 个方面：

（1）信息流共享

买卖双方聚集形成信息聚集优势，市场规模越大，市场内蕴含的有关交易活动的信息就越多，就越有助于降低交易者的信息搜索和信息交互成本。买卖双方更容易搜索交易商品和其他相关信息，这吸引了更多的交易者参与到市场中来，更多的交易者和交易商品又进一步强化了交易信息聚集，两者互相促进、相互强化。在传统的交易平台中，买卖双方直接见面，虽然方便获取商品信息，但受时空限制，买方往往只能考察少量的卖方和商品。在虚拟交易平台中，互联网的信息传播成本较低，信息流的共享范围更广、信息更透明、信息传播速度更快、传播的信息量更大，平台可以利用互联网技术来加强信息流共享。随着信息流共享的增多，信息不对称现象就会减少，买卖双方交易成本就会更低。在虚拟交易平台中，信息流的共享主要体现为供应源信息的共享、价格信息的共享以及商品自身参数信息的共享（何泽腾，2015）。由于互联网具有开放性特征，虚拟交易平台众多卖方的商品供应信息共同存储在一个虚拟空间，平台的搜索功能使买方可以轻松地搜到不同卖家的同一种商品信息，从而货比三家作出选择；卖方也能够通过平台搜索到其他卖方的供应信息，从而作出销售决策。因此，无论是买方还是卖方，都能够通过平台获取共享的信息流。

（2）消费流共享

消费流的共享源于消费者需求的多样性，消费者由于生产生活的需要可能会产生多样化消费。大量卖家聚集在一起提供种类各异的商品，共享客流，促进了多种交易的形成。在传统的交易平台中，由于空间限制，能够聚集的卖方数量是有限的，因此，形成的是受空间限制而分割开的各种类型的交易平台（如大卖场、专业市场等）。在基于互联网的虚拟交易空间中，消费流的共享变得更为容易，买卖双方用户可以无限扩展，增加一个用户的边际成本微乎其微。由于网络覆盖的用户规模很大，即使是一些日常生活中不常用的商品，在互联网销售平台上也可能有很好的销量，市场的激励带来了网络交易平台所售商品品类和数量的剧增。消费者在虚拟交易平台搜索某一商品时，网站会将不同商家的相近商品展示在消费者面前，同时会提供与消费者需求相关的其他类型商品的链接，供消费者选择，从而吸引消费者消费更多的商品。此外，网站主界面会提供众多商品的分类目录，供消费者选购，满足消费者一站式购物的需求。

（3）规模经济效应

规模经济效应与网络效应在第三方交易平台是相伴相生的。第三方交易平台将大量的买方和卖方集中在一个共同的空间，这会形成买卖活动的规模经济效应。对于卖方来说，买方需求的增加有助于其扩大生产规模，降低单位产品的生产成本，但对其利润的影响是不确定的；对于买方而言，更多的商品供应有助于其多样化需求的满足，以及以较低的市场价格获取商品。对于平台而言，规模化的运作有助于实现其自身的规模经济效应，从而降低买卖双方的交易成本。以网络电商亚马逊的出口运输为例，出口运输是网络零售的一个关键性成本因素，一般以每箱货物的整体重量或体积重量为基础征收运费。亚马逊的巨大规模使其有能力进行组合配送，即一次运输多种货品，由此每件货品的成本得以降低。规模经济的产生，反过来会吸引更多的交易者加入，从而形成平台的网络效应。

李震和王新新（2016）指出，规模经济效应对网络效应的推动作用是通过两个途径实现的：一方面，买方的大量聚集带来了信息共享，买方可以借助市场地位，以更优的价格进行交易，从而吸引更多买方进入，激发网络效应；另一方面，买方人数的增加会带来需求的增加，大量的市场需求支持了企业的规模化生产和运作，企业的规模化程度越高，则企业的内部分工、专业化生产水平越高，经验积累与技术进步速度越快，单位产品的生产成本下降得越快，市场价格的下跌将会吸引更多的买家购买。

4.3.2　交易者的聚集行为分析

以上我们重点分析了正向的聚集效应，那么，在什么样的情况下买卖双方才愿意聚集在一起，形成聚集行为呢？摒除平台企业竞争行为的影响，我们分析单一交易平台，发现聚集行为的产生与交易者进入平台的成本，以及交易双方对平台聚集效应和服务能力的预期密切相关。

1. 进入交易平台的成本和商品运输费用对交易者初次进入平台的决策往往具有重要影响

在实体平台中，交易者到平台中聚集的成本（主要体现为交通费用）和商品运输费用的高低是其考虑是否加入平台的两个重要因素（程军，2003）。因此，我们在日常生活中会发现，交易者的聚集往往具有地理上的约束特征：人们总是倾向于聚集到一些比较近的平台进行交易，原因就在于交通费用和商品运输费用比较低。反之，超过一定的地理范围，交通费用和商品运输费用较高，增加了交易者的支出，交易者自然就会选择不去。

在基于互联网的虚拟交易平台中也存在同样的问题，只是表现形式不同。互联网尤其是移动互联网的快速发展，使人们可以随时随地以非常低的成本登录虚拟交易平台，在智能设备快速普及的今天，虚拟交易平台通常以 App（应用程序）的形式存在智能设备上，因此，我们可以把进入平台的成本看作使用网络所需的流量费用，交易者进入平台的成本是极低的。但问题在于，基于互联网的交易平台很多，交易者的注意力是有限的，他们不可能登录所有的平台，而具体在哪一个平台交易，与交易者的注意力密切相关，这也是众多第三方交易平台关注消费者注意力、增加流量入口的原因。只有把交易者吸引到平台，才有进一步交易的可能。当进入虚拟交易平台的费用极低时，交易者是否聚集于虚拟平台的主要考虑因素是商品运输费用的高低。近年来，电子商务的快速发展带动了物流业的发展，高效的社会物流使得商品运输费用大幅度降低，这也是虚拟第三方交易平台所覆盖的市场范围远远大于实体平台，以及聚集的交易主体数量巨多的一个重要原因。

2. 平台上的两边用户存在需求上的相互依存性，且在进入平台之前用户对平台所形成的正向的聚集效应和服务能力有所期盼

程军（2003）以商品交易市场为例，在分析交易者聚集条件时认为，交易者所处行业的市场竞争结构趋向于完全竞争是交易者聚集的一个重要条件。

刘天祥（2017）也指出竞争型产业的发展对商品市场发展具有推动作用。这里的竞争型产业是对某一产业内各个生产商在市场中均处于平等地位的一种描述①。

　　总结以上两位专家的观点，交易者聚集（市场的形成）的一个关键性条件是交易者相互之间具有竞争性，且在市场中处于平等的地位。一方面，竞争型产业的发展带来分工和专业化的发展，必然对生产原料、中间产品和消费品产生强劲的需求，形成数量众多的买方交易者；另一方面，竞争型产业产生强大的供给和销售压力，企业存在和发展的前提是产品销售得以连续实现，而现实中大量中小生产商单独组织自己的销售网络的成本较高，生产商对平台的聚集交易是有需求的，平台对交易双方的聚集能力使得企业产品销售得以实现，这也促进了产业经济循环的顺利进行。

　　上述两位专家的观点充分解释了传统交易平台交易者聚集的一个重要原因，然而，在互联网充分发展的背景下，交易者聚集呈现不同的特点。在网络时代，人们面临着信息超载的困境，最为稀缺的资源是人们的注意力，网络时代的经济本质上是一种注意力经济。第三方交易平台通过吸引交易人群注意力的方式，将人、物以及交易活动的信息流向一定的空间并聚集，由此产生聚集效应。不仅是中小企业，甚至曾经在传统市场中自建销售渠道的大型企业集团，也需要经由第三方交易平台开展网上销售活动，共享交易平台产生的强大聚集效应。于是，网商群体呈现出多元化格局。人们的注意力是有限的，即使规模大如天猫、京东这样在市场上占有一定垄断地位的网商，也会在其他门户网站设置流量入口，以获取人们的注意力。在网络市场，第三方交易平台逐渐呈现寡头垄断的发展趋势（如淘宝、天猫），平台垄断不仅体现在用户规模和交易规模上，从某种程度上说也是对用户注意力的锁定。这种强势的注意力锁定，使市场上绝大部分企业自建网络销售渠道的经营方式变得难以为继。越来越多的大型企业为了形成网络销量，不得不采取与第三方交易平台合作的模式。虚拟的第三方交易平台利用技术优势和拥有的大量用户群体，在流通环节表现出强势的专业化分工特点，并在交易实现环节发挥着主导作用。

---

　　① 刘天祥. 中国商品交易市场运行学［M］. 长沙：中南大学出版社，2017.

回归第三方交易平台的本质，作为市场流通的中介组织，其具有明显的专业化分工特征，在聚集交易各方的基础上发挥着组织和管理功能。我们认为，买卖双方对平台形成交易依赖，必然与各方都对平台的聚集效应和服务能力有所需求有关。买卖双方交易需求的侧重点并不完全重合，例如，有的买方加入平台进行交易是看重平台商品的多样化，有的买方在交易中并不看重商品的多样化而是对特定交易商品的价格、质量和数量有所要求，这常见于企业对原材料和中间产品的需求，专业化的交易市场为这类交易提供了便利。通常，卖方以商品顺利销售为目的，因此，在交易中卖方往往更为重视目标人群的规模、消费层次及需求。不同的平台参与者所表现出的需求侧重点虽然并不完全相同，他们却能够聚集在一个平台，形成一定的用户规模。我们认为，问题的关键在于市场中不同的交易群体对聚集效应的不同需求具有互补性或兼容性，只有需求互补或兼容的两边用户才能够成为平台的稳定用户。当用户对平台聚集规模敏感性较强时，平台组织者在强大的网络技术力量的支持下，也倾向于将更多具有互补性或兼容性的异质性需求主体整合到一个平台中。

4.4 信息技术背景下的交易者行为及其对平台组织方式的影响

4.4.1 信息技术背景下交易者行为的变化

1. 买方（消费者）的变化

具体来说，在目前的互联网环境下，消费者表现出如下特点：

（1）高品质、多元化、个性化消费凸显

尽管每个人根据自己的生活经验和喜好有着属于自己的、特定的需求，但由于人们的社会性活动和共同的生活环境，人们的需求偏好常常被打上时代、地域和文化烙印，呈现某种较为一致的需求结构，从而形成一种较为统一的社会消费文化。这种社会消费文化反过来又会影响社会中每一个成员的偏好，从而在不同时期、不同地域表现出相对稳定和一致的社会需求结构。

马斯洛需求层次理论指出，随着人类某一项需求强度的逐渐降低，另一种需求强度将逐渐增加，呈现由低层级需求逐级向上发展为高层级需求的趋势。当处于"短缺经济"状态时，供需缺口较大，很多产品都处于"供不应求"的状态，社会需求结构主要体现为满足人们基本的生存、温饱需求，此时生产技术能力以大规模生产和同质化的工业产品为主要特征，人们的需求也趋于同质化。伴随着经济向"成熟"阶段发展，新技术在生产领域的不断应用和创新发展使得生产、流通、支付、消费等都面临着前所未有的变革，传统大规模生产、同质化的产品已经不能满足人们的多样化需求，消费者的要求日益提高，越来越多的人开始追求高品质、多元化、个性化消费。

（2）消费主动性增强

互联网的发展使交易主体获取信息更为便捷，改变了买方与卖方信息不对称的状态，在传统线下交易方式中处于弱势地位的买方通过网络能够迅速查询到所需的交易信息。在互联网环境下，任何一个买方都可以与其他成千上万素未谋面的人瞬间相连，相互交换观点。信息的聚集和交换使得买方能够快速、准确地获取所需信息，买方不再是被动地被商家营销以满足需求，而是充分发挥自己的主观能动性，通过社交网络与自己的好友、同事、亲人、同行或者专业人士沟通和交流，积极获取足量的信息来分析并决定对哪种商品或服务有需求、需求多少、如何满足需求等。或许这种分析、比较不是很充分和合理，但更多的信息交流显然有助于降低购买风险，增强对产品的信任程度和心理满足感。

在传统的线下交易模式中，多数情况下买方都是分散的个体，在卖方主导的情况下，买方总是被动接受卖方的营销。由于产销链条较长，买方很难将自己的意见直接反馈给生产厂商。移动互联网、社交媒体及O2O（线上到线下）综合服务模式的崛起，改造了消费者的生活与消费模式，消费者要求越来越高，分散的个体通过互联网很容易形成团体力量，这使买方能够在买卖双方关系中占据更多的主导权。卖方比以往任何时候都更加重视买方的意见，原来处于被动地位、消极的买方开始积极地与卖方互动，参与商品营销、设计、生产等环节。互联网使社会生产更能体现社会需求。

随着越来越多的买方参与商品设计、生产、销售等环节，以买方个性化需求和情感满足为特征的定制化商品逐渐成为买方的新宠，在众多同质化大规模生产的商品中脱颖而出，市场竞争力不断增强。

（3）价格仍然是影响买方心理的重要因素

《2018年亚洲网络消费者报告》指出，电子商务的主要吸引力在于商品价格。虽然价格不是决定买方做出购买行为的唯一因素，却是买家做出购买决策要考虑的重要因素。传统的商品销售需要在固定的实体店铺进行，且店铺通常设在繁华地带，租金较高。网络销售省去了租用店面的成本，通常情况下销售成本相对较低，这使卖方有能力降低商品销售价格，且网上同质商品之间激烈的竞争也使得卖方有动力降低商品销售价格并开展各种促销活动，给消费者带来实惠，例如，当当网经常举办的优惠活动，对买方极具吸引力。

（4）商品体验方式发生深刻变革

体验是消费的一个重要驱动因素（Tofugear et al., 2018）。买方在做出购买决策时通常更注重商品的价格、商品的品牌和商品的质量、购物的便利等，在传统线下商品交易模式下，买方通常是通过卖方的主动营销以及自身的体验来做出购买决策。随着网络交易的不断发展，买方更多地通过卖方对商品的描述（图片、文字、视频）以及其他买方的评论或者社交网络中的推荐来做出购买决策。虽然消费者只是通过搜索信息等方式对产品的品质、安全卫生性、可靠性、经济性等进行比较分析，但基于网络的交易降低了人们搜寻相关信息的成本，便捷的交易平台使人们足不出户就可以进行交易，人们不必像线下交易一样在选定的时间集中进行购物，而是可以利用任何闲散时间进行交易，这大大节约了人们的时间和精力。特别是那些生活必需品或快速消费品，在线购买的即时性与方便性使得消费者越来越接受在线消费模式。与线下交易相比，线上交易的体验是较为间接的，消费者在获得交易效率的同时却损失了线下交易的体验性，但这也同时为卖方基于网络主动进行营销提供了机会。卖方可以探索基于网络的用户体验方式，使买方在网上购物除了能够满足实际的购物需求还能够获得心情愉悦的感受。与以内容为主的传统营销模式形成强烈对比的是，分享式购物模式及社交型电商带来的协同效应能够拉近人与人之间的距离。

（5）通过社交媒体传播和获取消费信息的动力较强

社交媒体是买方了解购物网站和商品信息的重要渠道，包括微信、抖音、微博、贴吧等。社交媒体的存在成为买方互动的有力工具，人们通过社交媒体分享交易信息和产品使用体验，寻求交易中问题的解决办法等，抒发自己的购物情感。Phil Pomford（2018）指出，当前社交媒体正逐渐成为电子商务的重要渠道，而且这个趋势在亚洲市场尤其明显。那些能够将社交、零售及通信功能整合为一体的平台，更是走在趋势的前端，也模糊了社交与购物之间的界限。

（6）网络消费需求呈现可预见性和可诱导性

随着经济的发展，家庭财富增长，这激发人们更高层次的需求。信息的掌握者通过分析消费数据，往往可以准确判断目前单个消费者的需求层次，从而开展较为精准的推荐式营销。

目前网上购物的消费者以中青年为主，他们具有较明显的消费倾向和超前的消费意愿，比较喜欢追求享受、喜欢新奇有趣的事物、喜欢探索未知，他们更容易注意新的消费动向，更容易被商品介绍所吸引；他们能够熟练应用互联网终端工具（个人计算机、手机、平板电脑等）获取各类商品信息，追求在产品生产和消费中的参与感，也更愿意为优质的服务支付更高的价格。针对这类消费人群，卖方可以根据目标顾客的特点设计有趣的体验环节，吸引买方对不可预知的新产品进行试用和体验，从而引导买方消费升级。

2. 卖方的变化

（1）**传统中间商被新型网络中间商所取代**

在传统线下交易模式中，产销链条中存在大量的中间商，他们依靠传统的层级经销模式和信息的不对称赚取差价。生产企业高度依赖经销商，"渠道为王"是人们对传统层级经销模式的形象描述。在我们的日常生活中，这样的例子比比皆是，各种商场等都是零售市场的参与者。在网络交易中，传统交易流程的众多环节被信息流所取代，信息流的快速、便捷，使大量的交易通过网络可以低成本、快速地实现，生产与零售的垂直分离已经不再必要，很多生产企业开始绕过零售商直接向消费者出售产品，于是传统的层级经销模式就失去了存在的意义。回归交易的本质，卖方企业的利润将主要来自商品和服务的增值，而不再是信息差，尽可能地为买方提供能够满足差异化需求的商品和服务才是获取利润的方向。电子商务的出现使传统中间商的经营模式难以为继，但同时也为其带来了新的发展机遇。在网络中介渠道下，出现了越来越多的新型网络中间商（又称"电子中间商""网络中介机构"）。这些新型网络中间商（目录服务商、搜索引擎服务商、互联网内容供应商等）在网络交易中发挥着重要的作用。

（2）小生产商（品牌商）的能力增强

在互联网交易模式下，生产商（品牌商）之间的竞争规则被改写。传统的生产企业以资本为主导形成规模化的生产效应，占领市场主导地位。互联网平台通过聚集长尾需求、实时反馈市场供求信息、降低创新成本为小生产商（品牌商）赋能，使其能够迅速获得市场信息，找到比较优势，并能够快速、低成本地构建供应链条，从而具备与大生产商（品牌商）同台共舞的能力。

（3）卖方开始重视买方的个性化、差异化需求

标准化、大规模生产显示了人类社会从手工业时代进入机器大生产时代的进步。大规模生产具有快速、低成本的优点，以同质化的产品满足着人们的基本生活需求，个性化需求则被淹没在时代的潮流中。时至今日，生产力的不断发展使得不少基于大规模生产的工业化产品呈现供过于求的状态，人们在满足基本生活需求的同时个性化需求凸显，原有的生产设备和惯性生产思维使大多数企业很难进行买方个性化、定制化生产。不同的买方认知、偏好各不相同，消费心理不可能完全相同，而心理上的认同是消费者做出购买决策的先决条件，因此，传统企业若不能根据市场需求变化做出应有的调整和变革，必将失去买方对产品和品牌的认同感。

此外，在传统交易模式下，企业倾向于面向大量用户销售少数标准化生产的拳头产品，只能个性化定制小额销售量的产品，个性化定制成本高、收益低，一直不被生产企业重视或者根本无法实现。随着技术的不断进步，强大的互联网交易平台聚集了巨量的买方，使得曾经无法获得销量的利基产品也能获得一定数量规模的买方青睐，为企业带来可观的利润。这带动了企业

重新审视自己的战略，向曾经被市场忽略的细分市场或者小众市场拓展，在智能控制等生产技术与互联网技术的支持下，多数企业从生产到销售的整个过程都建立了与买方的沟通渠道，充分采纳买方的建议，从产品的构思、设计、制造到产品的包装、销售、运输，针对不同买方的特点，采取有针对性的方法和措施。

（4）线上线下"虚""实"融合

在虚拟的第三方交易平台上，许多卖方企业既拥有线下的"实体"工厂又拥有线上"虚拟"店铺。线下的"实体"工厂无须聚集于一定的地理空间，可以分布在世界各地，根据生产需要选址和生产制造，产品通过"虚拟"店铺销售。

通过虚拟的第三方交易平台及相关服务商的支持，卖方企业收集、整理和分析线上用户和商品等各种相关信息，获取市场一手数据，并将其用于指导线下"实体"工厂的生产运作。线下的"实体"工厂也无须通过闭门设计的方式生产样品以获得订单，然后批量化生产和销售，而是通过线上"虚拟"店铺与消费者及时沟通，根据消费者的需要设计产品，再配以柔性化的供应链，快速生产并及时触及消费者，然后分析消费者的消费数据以及售后使用评价，形成生产建议，及时反馈给线下"实体"工厂，以便进行下一轮的生产销售。

4.4.2 交易者行为对平台组织方式的影响

1. 组织重心转向"以用户为中心"

"以用户为中心"的理念并不是刚刚出现的，很多传统的企业都曾提出过"以用户为中心""以消费者为中心"等口号，但为什么在互联网时代"以用户为中心"的思维显得格外重要？平台企业要生存和长远发展，必须提供能满足用户需求的服务，但企业提供的服务不一定能够完全满足用户需求，甚至可能存在质量低下的问题。在没有互联网的年代，信息往往是单向或者双向传播的，影响范围很小，因此，平台企业没有努力改进服务的紧迫感和主动性。平台企业的最终目的是营利，因而很难将"以用户为中心"的理念认真、彻底地贯彻下去。

互联网时代的到来，使信息制造和传播变得更加容易。任何人都可以成为向外发布信息的"自媒体"，利用微博、博客、微信、论坛等信息平台，随时随地向特定或者不特定的多数人传递信息。任何一个顾客在网上不经意的一句评价，都可能引起众人的关注，进而给平台企业带来机遇或者威胁。信息传播的网状连接让用户拥有了更大的话语权和选择权。虚拟交易平台的营利能力与用户规模息息相关，而网络效应和用户多归属行为的存在，也注定了平台企业对用户更为激烈的争夺。"以用户为中心"成为互联网思维的核心以及平台企业参与市场竞争的基础逻辑。这就要求平台企业在市场定位、技术研发、交易服务等各个环节认真贯彻落实"以用户为中心"的理念，为用户提供专业化程度高的一体化解决方案。

2. 平台塑造网络效应的方式发生变化

网络效应一方面与用户规模有关，用户规模越大越能够形成更大的网络效应，另一方面也与平台的运行模式有关，平台的运行正是要努力塑造正向的网络效应，尽可能减少负向的网络效应。传统交易平台受制于交易场所大小、区位优劣等多种因素，交易规模与投资规模直接相关，因此常常通过扩大规模、多开店的方式"吸收"网络效应。基于网络的虚拟交易平台则突破了固定交易场所的限制，设置虚拟的交易空间，买卖双方人数可以无限扩大，增加一个用户的边际成本微乎其微。不断吸引买卖双方加入平台，扩大经济流量，成为平台核心竞争力的来源。互联网模式更容易激发网络效应，买卖双方用户规模越大带来的网络价值越大，能够成交的交易笔数越多，平台从中可获取的交易剩余越多。

3. 开放、共享、协作、共赢的互联网发展理念成为越来越主流的平台文化

平台企业业务的开展并非必须依托互联网，但拥有开放的思维却是生存必需。如今已经进入信息社会，个体（个人或企业）之间形成网状信息结构，个体的价值受到其自身所含信息量的影响，只有开放才能形成更广泛的连接。互联网具有开放的特性，具备数据库和信息化管理等方面的优势，平台企业利用互联网可以最大限度地扩大参与主体。互联网是网状结构，有许多节点，虽然各节点的权重不同，但没有一个节点是绝对权威的，节点背后的分支都是互相联通的，它们共同形成一个有机生态圈。开放、共享、协作、共赢是互联网生态圈良性发展的理念。平台企业与平台用户之间、各利益相关者之间既相互独立又相互依存。在互联网普及发展的今天，能将更有价值的各方需求及发展趋势把握好的平台，才更具有发展前途。

平台企业想要营利，就必须一切从用户需求出发，以共赢的态度来制定交易规则、进行交易结构设计和提供交易服务，为用户提供开放、共享的平台资源，增强用户平台使用体验。以合作共赢的方式开展组织活动，已成为多数平台吸引用户并形成"黏性"的重要文化基础。这在根本上是互联网技术发展所带来的变化。信息技术的发展，使平台参与者获得了历史上任何时期都无法获得的大量信息资源，也使平台参与者拥有了更大的自主权和更高的自由度，个体能量也将在开放、共享、协作、共赢的发展理念下被充分地激发出来。马化腾指出，"互联网的一个美妙之处就在于，把更多人更大范围地卷入协作。我们也可以感受到，越多人参与，网络的价值就越大，用户需求越能得到满足，每一个参与协作的组织从中获取的收益也越大"①。总之，在文化层面，开放、共享、协作、共赢将越来越成为主流的平台文化以及各参与方自觉践行的价值观念。

4.5 本章小结

交易的市场形成离不开 3 个要素：潜在买方、潜在卖方和能够支持交易完成的各种条件。这些支持交易完成的条件我们统称为市场交易条件。按照市场交易达成的基础，可将市场交易条件划分为基本条件和与基本条件相配套的保障条件。市场交易达成的基本条件包括：①双方拥有必要的交易信息量；②双方互信；③双方互利；④双方具有履行交易合约的能力。为了便利

---

① 马化腾谈互联网产品：灰度法则的七个维度 ［EB/OL］. （2012 – 07 – 09）［2018 – 09 – 12］. https：//tech. sina. com. cn/i/2012 – 07 – 09/11477365858. shtml.

和繁荣市场交易，需要一些与交易基本条件相配套的保障条件，这些保障条件包括：①与交易相关的制度与规则；②信用保障；③基础设施与信息、物流等服务的提供；④支付体系；⑤其他。市场交易的保障条件我们可以看作买卖双方交易所依存的外部条件，这些外部条件共同起着降低买卖双方交易成本的作用。这些交易保障条件有的是以"公共产品"的形态由国家提供的，有的是以"私人产品"的形态通过市场中介组织（第三方交易平台企业、物流企业等）提供的。买卖双方总是在交易保障条件的基础上根据自身交易条件和交易需求决策。当买卖双方依靠自身的能力无法满足所需的交易条件或者满足所需的交易条件成本较高时，通过专业化的第三方交易平台开展交易，将是一个占优策略。

在所获商品效用相同的情况下，买卖双方选择经由第三方交易平台交易的主要原因在于平台具备降低买卖双方总和交易费用的能力，这也是第三方交易平台能够从撮合交易中获得收入的核心逻辑。买卖双方用户的聚集不但能够提升买卖双方的交易效率，而且能够为平台带来规模经济效应和网络效应。规模经济效应与网络效应在第三方交易平台中总是相伴相生的，买方和卖方的聚集形成网络效应，进而促进平台规模经济和卖方生产企业规模经济的形成，反过来，又促进了买卖双方的进一步聚集。

交易者行为特点对平台组织方式产生重要影响。在信息技术快速发展的今天，交易者行为发生了显著变化，对于买方（消费者）来说，呈现如下变化：高品质、多元化、个性化消费凸显；消费主动性增强；价格仍然是影响买方心理的重要因素；商品体验方式发生深刻变革；通过社交媒体传播和获取消费信息的动力较强；网络消费需求呈现可预见性和可诱导性。对于卖方企业来说，呈现如下变化：传统中间商被新型网络中间商所取代；小生产商（品牌商）的能力增强；卖方开始重视买方的个性化、差异化需求；线上线下"虚""实"融合。

互联网时代交易者行为的变化给平台组织方式带来如下影响：组织重心转向"以用户为中心"；平台塑造网络效应的方式发生变化；开放、共享、协作、共赢的互联网发展理念成为越来越主流的平台文化。

5 第三方交易平台供给者行为分析

5.1 第三方交易平台组织概述

5.1.1 第三方交易平台发起者和组织对象

第三方交易平台通常由政府、企业或者政府与企业联合发起，政府是从提供公共产品角度发起平台，企业则是从营利角度发起平台。随着市场经济的发展，第三方交易平台的组织主体已经从政府转变为市场运营商，即专职从事交易服务业务的平台企业，既包括批发商业运营商（如浙江中国小商品城集团股份有限公司等）、零售商业运营商（如大中电器等），也包括虚拟交易平台（如当当网、淘宝网等）。政府则逐步淡出对交易平台的经营管理，在市场交易中转变相关职能，成为相关法律法规、政策、行业标准、行业规则的制定者和管理者，以及基础设施的提供者，并进行宏观上的规划和指导。因此，本章所述的平台发起主体是指以营利为目的的第三方交易平台组织。

第三方交易平台组织的对象或服务的对象是市场交易主体（交易的买卖双方），任何加入社会化分工体系的个人和组织都有多样化的交易需求，因此，第三方交易平台组织的对象即社会化大分工体系下所有有交易需求的经济主体。

5.1.2 第三方交易平台发起的目的

以企业身份出现的第三方交易平台，和其他一般企业一样，运作目的都是获取利润。按照专业化分工的思想，专业化分工带来了社会交易需求的增加，第三方交易平台作为商品流通领域专业化分工的一种重要组织形式，为买卖双方提供专业化的交易组织服务，降低社会交易的成本，促进交易效率的提升。第三方交易平台企业的本质仍是团队生产，组织者预期能获得的剩余是合意的，因此才承担投资风险，开展提供专业化平台服务的团队生产。

5.2　第三方交易平台的业务结构、合约关系与利润获取

5.2.1　第三方交易平台的业务结构

专业化分工与多样化消费格局下，交易需求是普遍存在的，交易客观上需要组织，交易信息搜索、比价、谈判、缔约、支付、交割、物流配送等环节都有第三方服务可以改进的空间。作为平台的发起者和组织者，平台企业是平台架构和交易规则的制定者，其以自身能力吸引大批卖方和买方进入平台开展交易活动，并助推平台不断成长，实现网络效应。例如，苹果公司推出的 App Store 就是一个典型的第三方交易平台，该平台以苹果公司开发的iOS 系统核心技术为基础搭建，众多的苹果应用程序开发者和苹果产品用户聚集在该平台上，苹果公司作为平台的领导者，设计 App Store 的架构和运行规则，以其产品自身的吸引力吸引大量终端用户和应用程序开发者进入平台交易，大量的应用程序开发者不断推陈出新，为平台创造新的价值，从而吸引更多的苹果终端用户使用该平台，形成网络效应。

第三方交易平台业务关系基本结构如图 5－1 所示。平台对卖方和买方形成组织和管理交易活动的领导关系，买方和卖方利用平台形成交易关系。具体到每一个交易平台，其组织结构由平台可以聚合的用户群体类别决定。我们将在平台组织中具有相似角色的群体归为一类，若平台拥有两边用户则称为双边平台，证券交易所就是一种典型的提供交易匹配服务的双边平台。有的平台则组织结构较为复杂，由多边用户构成，形成多边平台结构。比如，平台企业通常会把信息服务平台作为核心来为买卖双方提供服务，为了更专注于核心功能，往往会把资产专用性高的其他服务或产品（如物流等）外包。物流平台作为互补平台，在信息服务平台中以模块化的方式接入，它们既服

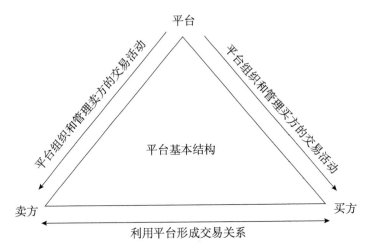

图5-1 第三方交易平台业务关系基本结构

务于卖方群体，又服务于买方群体，这样提供物流服务的机构群体作为参与方就构成了平台的第三边。除此之外，支付服务机构、信用认证机构、信息安全服务机构等又构成平台的更多边。多边用户既有明显区别又相互依赖，平台通过促进用户互动来创造价值，其业务结构关系如图5-2所示。

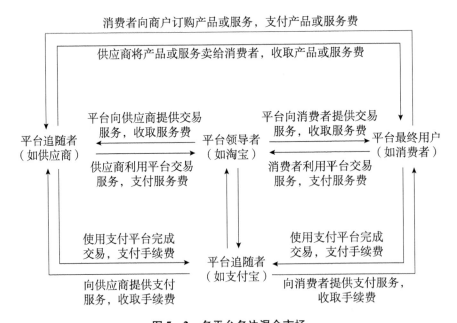

图5-2 多平台多边混合市场

资料来源：李宏，孙道军．平台经济新战略［M］．北京：中国经济出版社，2018.

5.2.2 第三方交易平台与用户之间的合约关系

对第三方交易平台组织特性的考察，正如威廉姆森所言，应回到交易本身。我们通过对传统的集贸市场、购物中心以及基于网络的虚拟交易平台（如淘宝网等）进行观察和分析，可以发现平台生态系统的形成具有系统开放和动态演进的特征。任何时候都不确定哪些人、哪些产品和服务会加入这个系统，也不知道哪些人、哪些产品和服务会退出系统。由于存在"鸡蛋相生"的正向网络效应，当一边交易用户增加时，会引致更多的另一边交易用户加入，一旦用户规模达到一定的临界值，网络效应将使得平台产生供求相互强化的机制。这就给我们运用传统契约理论来分析平台与用户之间的关系带来了困难，因为平台用户存在不确定性，平台也就难以通过合约确定产品和服务供给的时间。那么，平台企业是如何提供平台产品与服务呢？

从第三方交易平台的运行实践来看，平台企业采取了一种开放式合约的方式来解决上述问题。平台企业向市场中的众多交易者提供平台产品与服务，并制定交易规则。该规则说明加入平台的交易者只有遵循各种规章制度才可以利用平台产品或服务。这事实上是与所有潜在的用户签订了一个相同的开放式合约，合约的"开放式"体现在两个方面：一是平台对加入平台的交易者身份是开放的，任何遵守交易规则的交易者都存在加入的可能。在传统交易平台中，受到场所的限制，平台组织者可供出租的商铺是有限的，因而必须对加入平台的商户数量进行限制，通常采取"先到先得"或者"竞价出租"等方式对商户进行筛选，对于买方数量则通常不限制。而在基于网络的虚拟交易平台中，由于不存在时空限制，卖方和买方加入或者退出平台变得更加自由，买卖双方通过"用脚投票"的方式选择是否加入平台以及加入哪个平台。二是平台对加入者开展交易活动的具体内容是开放的。平台往往会对自身的经营范围进行定位，在此范围内，买卖双方具体以什么价格交易、在什么时间交易、交易什么产品、具体的交易对象等由交易者自行决策。

开放式合约与依靠企业家权威的企业合约不同，平台所有者与平台交易者之间没有雇佣关系，不存在内部管理成本，而是依靠平台交易规则的设置以及市场中众多交易用户基于利益的竞争，来形成遏制机会主义行为的正向激励。因此，这也就注定了平台合约必须充分考虑交易用户的利益，为交易双方提供一个公平公正、有序便捷的交易平台，给参与方在合约框架下更大的自由，让他们能够按照自己对用户价值创造的理解去提供产品和服务，以促进平台需求方规模经济效应的形成。

平台的开放式合约自带过滤功能，可以将与平台价值观念不符的交易用户过滤掉，依靠市场的竞争性以及平台所形成的网络效应给交易用户带来正向激励，让交易用户愿意遵从平台合约规定，并形成自我约束。平台合约有无数个，但都是基于平台交易规则制定的标准合约，就合约格式、内容来讲，可以简单地归类为买方合约和卖方合约。我们可以将平台合约结构看作无数个双边合约结构的叠加。平台企业利用统一格式的合约代替非平台交易方式下买卖双方的两两合约，降低了合约制定过程中的交易成本。同时，平台的交易规则规定了各方利益群体的责任和义务，将交易风险以制度的形式内化到平台上来，也降低了市场交易中的合约风险。随着平台中交易用户规模不断增大，市场交易的活跃度不断提升，买卖双方对平台产生的黏性越强，平台企业在新合约的签订中便拥有了更大的领导、管理交易者的话语权。同时，随着平台规模增大，潜在的替代者不断增多，替代者之间的激烈竞争使得交易者群体将进一步成为合约签订中的弱势一方。

对于平台企业来说，平台合约的签订不仅要有利于组织目标的实现，也要兼顾组织管理的便利和技术能力的提升。平台往往会从规范市场交易的角度对交易者的诚信、交易商品的质量、交易争议处理、交易者违规处理等内容做出规定，以维护市场交易秩序。尤其是虚拟交易平台，平台组织者在技术的支持下设置了平台接入界面和交易流程，以平台统一的方式设定市场交易的合约格式和交易行为规范，这样可以相对低成本地避免与那些不遵守平台规则的交易者的合约，规范交易者的交易行为。例如，一旦发现质量不合格商品，淘宝平台将依照其情形严重程度，采取限制发布、店铺监管等临时性市场管控措施，甚至对问题严重的商户进行账户查封。技术与规则的有效衔接，既维护了平台交易的市场秩序，也使得平台企业可以采取非一体化的方式使各参与方形成共同的目标。

5.2.3 平台企业的利润获取

作为平台的组织者，平台企业只有获得收益才能实现平台的长远发展。如前所述，平台企业的利润来自对所提升总交易剩余的占有，因而平台利润的获取与用户价值的实现是相互支持的，只有处理好两者之间的关系，平台才能良性发展。具体而言，平台企业既要追求自身利益，又要考虑平台参与者的需求及其相互影响，既要考虑平台初次构建的固定成本的分担，又要准确计算平台日常的运营成本。有研究者指出，平台的定价规则不能以损害网络效应为前提。这种说法是有先决条件的，因为总交易剩余在平台方、买方、卖方三者间的分配是此消彼长的。关键在于度的把握，通过设计不对称定价规则将用户最大可能地留在交易平台上。

平台收益主要以向用户收费的方式获得，通常包括加盟费和使用费两部分。平台向两边用户收取的总费用对平台的总收益很重要，平台总收益受市场竞争机制制约，市场竞争使得平台垄断性的高定价行为难以实施，其原因在于第三方交易平台所在行业技术专用性不强，难以形成技术上的垄断；定价策略必须考虑总费用在两边用户中的合理分配，失去一边用户，则平台另一边用户也会逐渐流失。

多数第三方交易平台通过采用不对称定价策略来吸引并留住两边用户，以保证充分的市场活跃度。一般来说，定价策略倾斜的对象是平台企业迫切需要的、招募难度大或者价格弹性大的那一边用户，而收费高的对象通常是招募难度小、价格弹性小以及享受更多平台好处的那一边用户。第三方交易平台的分类与定价模式如表5－1所示。电子商务平台大多只向卖方收取费用；大型购物中心往往只向商户收取场所租金或交易费。也有的第三方交易平台并不需要采用明显偏向于某一边的定价策略，如许多证券交易所采用的是竞价模式，各方按照标价买卖，交易所只按照一定的比例收取费用。总之，平台是否采取不对称定价策略，需要考虑平台两边用户的特点、平台企业的运营模式、竞争策略等多方面因素。

表 5-1　　　　　　　　　　　第三方交易平台的分类与定价模式

平台		双边用户	定价模式	其他
B2B、B2C 或 C2C 电子商务平台	买方	企业（或消费者）	注册费或免费	广告费、增值服务费
	卖方	企业（或卖主）	交易费	广告费、增值服务费
证券交易所	买方	企业或个人	交易费	
	卖方	企业或个人	交易费	
大型购物中心	买方	消费者	免费	
	卖方	商户	场所租金或交易费	广告费、增值服务费
房屋中介	买方	买房人（或租赁方）	中介费	
	卖方	卖房人（或出租方）	免费	

5.3　第三方交易平台组织交易的过程

5.3.1　目标市场的确定

　　第三方交易平台是在一定的社会环境中形成的，不同的社会环境会形成不同的社会交易需求，例如，在信用制度不够健全的社会环境中，交易平台需要构建信用保障规则以便利交易，而在信用制度健全的社会环境中，平台的信用保障功能会减弱。交易平台的形成一定是与时代和社会发展（包括政治、经济、文化和技术等）相适应的，是满足社会交易需求发展的产物，这是平台最根本的成功法则。但这并不是说所有的第三方交易平台提供的产品都是一模一样的，恰恰相反，市场竞争使不同平台的组织模式、技术、服务等各不相同，但都是将一定社会环境中的买卖双方作为服务对象，将撮合买卖双方达成交易、降低交易成本作为组织的主要功能并据此获取利润。因买卖双方的交易需求、交易特点和交易行为不同，市场可细分为许多子市场。对于第三方交易平台来说，想要满足所有细分市场的需求几乎是不可能的，因此，平台企业在进入之初会对自己想要服务的市场做出选择，也就是说，平台企业会以其自身能提供有效服务的细分市场为目标，确定目标市场。例如，饿了么的市场定位是餐饮业的电子商务 O2O 平台等。

　　确定目标市场后，为了使平台的核心功能发挥作用，平台必须做到以下两点：聚集交易用户和进行有效的交易匹配。一方面，平台要把买方和卖方吸引到平台上进行交易，平台要为交易者提供便利的交互工具和交易规则来促进交易顺利达成。另一方面，平台对交易双方的相关交易信息进行收集和匹配，提升交易效率。

5.3.2 聚集两边交易用户

第三方交易平台建设初期投入成本较高，如传统的交易平台需要租赁或购买固定的场所、雇用员工、购买设施设备等；基于网络的虚拟交易平台也需要购买相关的网络设施设备、雇用员工等。前面我们分析过，第三方交易平台以撮合买卖双方达成交易、降低双方交易成本为基础获取收益，因而，在初期平台建设投入运营以后，用户越多，交易规模越大，平均成本降低越多，则平台能够获取的收益越多；反之，用户越少，交易规模越小，AR（平均收益）$<AC$（平均成本），企业将入不敷出，最终在竞争中失败。尤其是在基于互联网的虚拟交易平台上，平台每增加一个用户的边际成本几乎为零，其边际收益由于网络效应的存在而呈现递增现象，MR（边际收益）$>MC$（边际成本）的现象使得只有不断扩大市场规模企业才能获得更高的收益。因此，聚集交易用户是平台企业成长的第一步，也是竞争中最关键的一步。

第三方交易平台具有双边市场的特征，平台提供的产品与服务只有吸引到足够多的两边用户入驻，才能够激发买卖双方相互依赖、互利共生的网络效应，从而带来规模经济效应。这就要求平台尽可能地降低进入的初始成本，让交易者能够快速聚集到平台上进行价值创造。当平台达到一定的交易用户规模（临界规模）且买卖双方比例结构相对合理时，在正向的网络效应作用下，交易市场的活力将被激发，平台借此实现可持续增长，并且用户规模很可能会不断扩大进而形成垄断。这种正反馈机制要发生作用，就必须使平台交易用户达到最低临界规模①以上。此外，平台的不断壮大需要平台两边用户

① 最低临界规模是指平台中买方和卖方数量的最低规模，只有突破这个临界规模，平台用户规模才能步入自我积累的正向循环。低于这一临界规模，则面临负向的网络效应，平台用户将不断流失，平台对用户的价值也不断降低，最终用户将放弃对平台的使用。

成比例地增长。平台必须采取措施吸引人数少的一方加入平台，使平台两边用户比例相对合理，这样交易活动才能够活跃起来。

很多平台企业为了形成网络效应的正向循环，通常会采取各种措施吸引两边用户参与。原因在于，在平台初创期，网络效应甚微，无法形成网络效应的正反馈机制，因此无法通过网络效应吸引用户加入。这时，平台企业需要采取其他策略吸引用户加入，如通过补贴、免费体验等策略引导人们进一步了解和使用平台服务，只有用户达到需要的规模和比例结构，平台的网络效应才能够形成正反馈机制。其中，补贴是平台企业常用的策略，若实施得当，能快速促进用户规模增长，向临界规模推进。平台企业的补贴方式各种各样，可以是让用户免费或者以优惠价格获得某些商品，也可以是给用户现金补贴等。例如，淘宝网在运营初期就实施了免费策略，打着让买卖双方免费使用平台服务的口号，用户规模迅速增长，很快便突破临界规模，走向规模增长的正向循环，拥有了网络市场的垄断地位。这类措施都是为了快速聚集交易双方，形成一定的用户基础，促使交易活动活跃起来，促进网络效应正反馈机制的形成。

在一些行业，平台企业注重筛选交易用户，因为后者对网络效应存在影响。平台企业总是试图激发用户之间正向的网络效应，以扩大整体交易规模，而尽量减少或者隔离开用户可能产生的负向的网络效应。例如，在一些传统交易平台（购物中心等），由于场地的限制，卖方数量往往受限制，买方数量则不受限制，并且买方越多越能够实现交易的规模效应，给平台带来越多的收益。基于此种原因，平台企业可能并不会把商铺租给出价最高的商家，这可能与平台企业对于自身服务对象的定位以及是否能够满足买方对品牌差异性的认知有关，只有与平台企业服务定位和买方认知相符的商家，才有助于带来正向的网络效应。

5.3.3 形成有效的交易匹配

1. 交易的规则

第三方交易平台通过设立交易规则来对核心功能的实现进行保障和规范，

并嵌入平台定价规则，以获得收益。交易规则主要包括交易用户的准入条件、加盟程序、开展交易活动的方式方法、费用的收取方式、冲突的协调解决办法等。

平台企业需要制定统一的交易规则来规范平台用户的交易行为。交易规则意味着对平台交易者的约束，所有在平台进行交易的参与者都必须遵守交易规则，否则将受到平台组织者的惩罚。为了便于开展交易活动，不同的平台企业根据其自身特点设置了不同的活动规则。诺斯（1994）认为，制度规则的基本作用在于降低了人们交易中的不确定性，进而降低了交易成本，使人们获得更多的专业化分工收益。

从更本源的意义上来说，人们参与组织交易，是因为人们有着共同的交易需求，这其中便包含着对交易规则的需求。假如在平台中进行交易的每一个个体都以自我为中心、以"自私自利"为行为原则，没有任何制度和规则的约束，那么机会主义行为的大量泛滥必然使平台企业失去组织能力。从平台交易规则的作用来看，其首要的职能是规范交易者在平台上的交易方式和流程，其次是规范交易行为，明确价格形成制度。

事实上，虽然交易规则的制定主体是平台企业，但这种交易规则必然是在一定的社会环境中，在政府制定的相关法律法规、市场交易规则的基础上，以促成买卖双方自愿的、非强制的、平等互惠的交易为目的，根据人们的交易习惯和交易需求因势利导地形成的。平台交易规则是买方与卖方、平台与卖方、政府与平台等不同主体，以平台交易为基础，相互联系，不断互动，逐步形成的相对稳定的决策规则。虽然政府规制秩序能够在一定程度上防范机会主义行为，但各个交易平台存在各自不同的情况，针对每笔交易争端的实证成本较高，不可能由政府解决所有的争端，因而，这就需要第三方交易平台来进行更多的交易规范治理。

以网络交易规则为例，杨立新（2016）指出，中国网络交易规则的产生和发展大体经历了产生期（2003—2008 年）、探索期（2009—2010 年）、进化期（2011—2013 年）和变革期（2014 年至今）几个阶段，在网络交易规则的变革期，形成了以网站的统一交易规则为核心，兼顾各个不同交易平台业务的全方位规则体系，实现了"准入＋交易＋营销＋处罚"全方位规范。网络交易规则产生和发展的过程，是从混乱、无序向规范、有序不断进化的过程。

平台交易规则的变化过程实际上是一个伴随着交易活动不断发展变化的过程，也是在交易活动过程中发现问题、解决问题的过程。社会力量（买方、卖方、其他社会人士）在其中的参与有利于体现规则的公平性、科学性和合理性，实现交易规则制定程序的民主化、制度化。此外，在虚拟第三方交易平台，交易主体可以自由选择进入或退出，因而对平台的运作规则有了更强的影响力。第三方交易平台所构筑的虚拟空间，如同一个制度实验室，个体的交易行为和禀性在信息技术的支持下显露无遗，使得未来自发秩序将不断突破现有制度的藩篱，成为主导平台交易行为并影响平台规则变化的一股重要力量。

2. 交易的促进和匹配

为了尽可能地内部化网络效应，保证相关商品和服务能够顺利交换，平台需要尽可能成功地进行交易匹配，这就涉及匹配效率的问题了。为了提升匹配效率，平台企业往往会采取多种措施，例如，为交易者提供交易的基础设施和工具；匹配交易用户；开展促销活动；等等。

（1）为交易者提供交易的基础设施和工具

平台企业为了促进买卖双方更加方便地交换商品与服务，需要共享一些便利交易的基础设施和工具。例如，大型购物中心会提供交易场所、人们休息的座椅和银行取款机等；基于互联网的虚拟交易平台则构建便利买卖双方交易的虚拟空间，为卖方提供模块化的网店，为买卖双方提供信息交互的工具、支付工具等。

（2）匹配交易用户

成功的交易平台一定是能够精确进行用户匹配的平台，买卖双方需求各异，理想的交易匹配人群各不相同，如何让买方或卖方在众多的交易者中迅速找到自己想要交易的对象，是非常重要的。例如，在提供保姆服务的交易平台，需求方总想找到更为专业的保姆，但由于信息的缺乏，他们并不知道哪个保姆能够提供更为专业的服务；而保姆总想找到提供更高工资的雇主。

为了能够进行精确的匹配，平台往往会设计一套严格的规则来选择专业的保姆，如要求其提供资质证明、参加相关培训的证明、信用记录以及进行相关社会调查等，并对提供不同服务品质的保姆进行区别，需求方根据自身需求和支付能力选择需要的保姆。这样希望获得不同服务并有支付能力的买方（需求方）和希望获得不同收入的卖方（保姆）就进行了较为精确的匹配。

精确的匹配离不开信息的收集和处理，平台获得的信息越多，对这些信息进行分类、整理和挖掘，找出对交易匹配有用的信息，则买卖双方进行正确匹配后得到的回报就越高。因此，平台企业往往需要制定相关信息的获取策略，鼓励加入平台的用户提供相关信息或者从其他公司购买相关数据。平台企业获得的信息有静态信息（如性别、国籍、联系方式等），也有动态信息（如在平台搜索中体现出的消费偏好、购买力、位置等）。这些信息有的是经过编码的，如会员用户所填的格式化信息，有的是未经编码的、杂乱无章的信息。传统平台受到信息技术发展的制约，信息的获取能力相对较弱，很多信息采用人工记录或者输入的方式，存在较多难以处理的信息熵。基于互联网的虚拟平台则通过数据算法的设计，从看似杂乱无章的信息中挖掘有价值的数据，用于交易匹配，提升交易匹配效率。算法设计得越好，就越能为交易双方提供更为有价值的信息服务，买卖双方进行正确的交易匹配后得到的回报就越高，从而对平台的依赖度越高。

5.4　本章小结

以企业身份出现的第三方交易平台，其运作目的和其他一般企业一样，都是获取利润。平台企业通常会把信息服务平台作为核心来为买卖双方提供服务，并在价值分配中居于主导地位。市场竞争使不同平台形成的组织模式、技术、服务等各异，但都是将一定社会环境中的买卖双方作为服务对象，将提升交易效率、降低交易成本作为组织的主要功能并据此获取利润。

平台通过与所有潜在的用户签订相同的开放式合约来提供平台产品与服务。平台合约必须充分考虑交易用户的利益，为交易双方提供一个公平公正、有序便捷的交易平台。每一个具体交易平台的业务结构由平台可以聚集的用户群体的类别决定，两边用户构成双边平台结构，多边用户构成多边平台结构。具有需求互补性的不同用户群体的加入，为平台用户创造了更优质的体验，增强了平台的竞争力。作为平台的组织者，平台企业在确定目标市场后，必须发挥两个关键作用：聚集交易用户和进行有效的交易匹配。平台企业只有获得收益，才能实现平台的长远发展，企业利润的获取来自对总交易剩余的占有，总交易剩余在平台、买方、卖方三者间的分配是此消彼长的。平台定价的关键在于度的把握，设计不对称定价策略时必须考虑将用户最大可能地留在交易平台上。

6 平台企业间的竞争

6.1 相关主体之间的博弈关系

在市场交易活动中，买方、卖方、替代者和互补者与平台之间的互动博弈将直接影响平台企业的竞争决策。相关主体之间的博弈关系如图6-1所示，直接发生联系的参与者我们用实线连接，与平台有联系但不发生交易的参与者（替代者和互补者）我们用虚线连接。任何一个第三方交易平台可以说都是处在与买方、卖方、替代者、互补者的博弈之中，平台企业在博弈中获得互补者的支持、赢得用户并通过制定组织战略并采取有效的竞争策略，与替代者展开竞争，最终赢得市场。

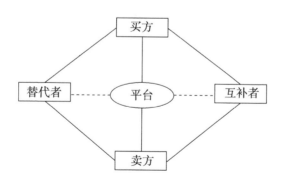

图6-1 相关主体之间的博弈关系

6.1.1 平台与交易者之间的关系

在博弈关系图的垂直方向，交易者（买方、卖方）与第三方交易平台是合作和竞争的混合关系：当平台为交易者提供交易服务，共同降低交易成本时，二者是合作关系；当分配给定的交易剩余时，二者是竞争关系。前面我们提到，当平台交易者数量达到一定规模且买卖双方比例相对合理时，平台会在网络效应的作用下形成自强化机制，产生的收益是巨大的。所以，这时会不断有创业者进入这个领域。但怎样才能吸引并留住交易者，是平台组织需要考虑的重要问题，因为只有两边用户都对平台产生需求时平台才有存在的价值。一旦一边用户对平台没有了需求，那么无论平台如何定价，平台两边用户之间的相互需求都会消失，平台将失去存在价值。平台企业在成立之初，必须找到使两边用户同时加入平台的方法。在发展到一定阶段，形成规模化的交易用户后，平台企业将能够享受交易者规模发展带来的增值效应。该阶段平台的主要任务是进一步提供能够带给交易者巨大黏性的服务，防止交易者被其他平台吸引而流失，在此基础上拓展多样化的利润来源。

6.1.2 平台与互补者之间的关系

平台的伙伴和合作者往往被视为互补者，通过产品或者服务的互补，构建平台本身、互补者、平台交易用户三者之间的伙伴关系和价值网络，提升平台的综合服务能力，达到多方共赢的目的。

例如，在虚拟交易平台，作为平台核心模块的信息服务平台与支付平台、物流配送平台以及其他一些提供平台服务的合作者都是以互补者的形式存在的。这些互补者往往依附于信息服务平台，因此，它们能够获得信息服务平台带来的较强的网络外部性。通常，核心平台和互补性平台为了降低专用性资产的投资风险，会采用大量标准化的数据库和软件，这使得各平台之间可以很好衔接，也降低了信息服务平台与互补性平台之间的谈判成本，如饿了么与支付宝等多个支付平台均以标准化的接口衔接。此外，平台需要协调核心平台与互补者的职能与分工，保证第三方交易平台能够为交易者提供持续、稳定、高质量的服务。

为了更好地服务交易者，第三方交易平台往往会在一定程度上向互补者开放和提供平台资源，允许新的互补者接入，吸纳新的产品或服务，从而丰富交易平台服务内容，增强平台活力。平台的价值会随着互补者的增多而增加。互补性产品供给的增多，会吸引更多使用互补品的交易者，提升交易者在平台上的用户体验，这也会促使更多的交易者使用平台的核心产品和服务。平台交易者规模的扩大和活跃度的提升，进而又使得互补者更加有动力去创造更多的互补性产品，形成良性循环。

互补者专注于其产品核心功能的开发和完善，将其功能模块通过标准化的接口与众多平台联通，不断获取各平台网络效应所带来的价值，使其在细分市场的垄断能力不断增强。互补者在规模扩大和市场竞争力增强的同时，与平台企业谈判的能力也增强。当人们对交易支付工具形成依赖时，支付平台就能够在与交易平台企业的谈判中占据优势，从而获得相对较大的交易分成。另外，互补者也可能为了自身经济利益，通过一体化的方式进入平台所在行业，成为替代者。因此，势力强大的互补者与交易平台同样存在一定的竞争关系。

6.1.3　平台与替代者之间的关系

在博弈关系图的水平方向左侧，替代者一般被认为是竞争者，平台要生存下去，就必须拥有一定规模的交易用户，于是，替代者与平台之间会展开对交易用户的激烈争夺。但上述看法并非一成不变的，如果市场中存在寡头竞争，一方并不能在竞争中完全替代其他竞争者，则很可能采取既竞争又合作的方式，共同攫取市场利润；也可能在竞争中不占优势的一方为了避免竞争转而提供产品的配套服务等，与替代者形成合作关系。

平台与各方形成复杂的多重博弈关系，这种博弈关系使得平台企业间的竞争受到一种不完全信息博弈关系制约，变得复杂起来。

6.2　平台企业的竞争策略

6.2.1　交易用户的争夺是平台竞争的关键

1. 吸引交易者的注意力

为获取大量的交易者资源，通常平台企业的做法是吸引交易者的注意力，使得交易者在进行交易活动时首先想到的就是该平台。在传统交易平台中，我们通常看到的是，新店开业会通过发传单、开展优惠促销活动的方式，把人们吸引过去进行交易活动。这类交易平台通常设在人们的活动区域，比较容易获取人们的注意力。

而在基于互联网的虚拟交易平台上，这种竞争变得更为重要。虚拟交易平台的产品或服务可以覆盖所有具有网络交易能力和交易需求的人群。网络时代，人们面临着信息过载的困境，最为稀缺的资源是人们的注意力。网络时代的经济本质是一种注意力经济。只有以吸引交易人群注意力的方式将人、物以及交易活动的信息流向一定的空间并集聚，才能产生聚集效应。

在虚拟交易平台的竞争中，交易用户注意力的争夺变得更为关键，很多平台企业愿意为获取用户注意力而付费。获取用户注意力的方式有很多，例如，为用户提供免费且有价值的产品或服务；不断地创新产品或服务以吸引用户；从客流量大的门户网站打广告；增加流量入口；等等。

2. 增强交易者体验

对交易者来说，平台的价值在于能够为买卖双方提供便捷的交易服务，我们通常用"用户体验"这个词来形容交易者使用平台的感受，体验的好坏将决定交易者是否愿意留在这个平台上。

以商品交易市场为例，对于买方体验，阿里巴巴前 CEO 卫哲指出，要围绕着"多、快、好、省"① 这 4 个字展开。比如，一个消费者去某个第三方交易平台购物，他期望的购物体验主要如下：①多——可供选择的商家、商品与服务多；②快——登录平台快、交易过程便捷；③好——产品质量好、服务好；④省——省钱、省事、省时间。对于任何平台企业来说，想要同时做到这 4 个方面都是不容易的。很多平台企业在实践的过程中侧重点各不相同，例如，一般来说，京东商城给买方的感觉是好和快，淘宝给买方的感觉更多的是多和省。对于卖方来说，最好的用户体验莫过于平台提供的支持和服务

---

① 阿里前 CEO 卫哲：B2B 的春天已到，关注这 10 大核心问题［EB/OL］．（2016 - 10 - 17）［2018 - 09 - 20］．http://36kr.com/p/5054645.html.

能够为其带来交易量的提升。例如，平台通过为卖方提供自运营的工具，对其店铺进行包装、宣传，通过加强产品质量监控等方式，提升卖方的交易能力和交易效率，增强买方的付费意愿。

总之，如果希望交易者对平台产生黏性，成为平台的长期用户，那么就需要平台提供持续的、良好的用户体验。当然，这并不是说平台企业为了满足交易者至高无上的体验需求可以不计成本，相反，平台企业必须在其投入成本与获取最大交易剩余分配之间寻求平衡。

6.2.2　平台服务模块选择

在设计第三方交易平台商业模式时，组织者需要考虑是采用关键流程服务①模式还是全流程服务②模式。

在进入市场的起步阶段，平台企业考虑到自身的经济实力以及服务能力，通常会采用关键流程服务的模式，在市场中找到互补者，达成战略合作，共同为交易用户开展服务。前面我们提到，平台的互补者（如支付平台和物流配送平台）与平台的核心模块（信息服务平台）既存在合作关系，在利益分配方面又存在竞争关系。互补性平台在扩大规模和提高市场竞争力的同时，有可能采取纵向一体化措施进入平台所在行业成为替代者。因此，这里就涉及一个重要的议题，核心平台资源是否应当向互补者开放以及开放程度。前面我们提到，核心平台资源的开放有助于互补者根据平台需求开发适应性强的应用模块，这种互补关系的加强有助于为用户提供更好的平台服务，但关键性的资源被互补者获取，则存在被模仿甚至超越的风险。

汪存富（2017）指出，企业对核心资源的开放应设置一定的规则，对不同的对象采取不同的开放策略，例如，与互补者签订保密协议，防止被竞争者获取平台的机密信息和资源；平台企业资源对外部开放的程度应低于对内

---

①　关键流程服务是指核心平台组织只提供交易过程中最为关键的交易信息服务，其他交易环节的服务由专业的互补平台提供。

②　全流程服务是指平台组织控制交易所有的核心功能模块，并对整个交易流程开展服务。

部开放的程度，以确保平台企业在市场竞争中对其核心资源的掌控能力。

　　当平台企业形成一定的规模，在市场中占有相当的份额时，平台倾向于兼并互补性平台或者自建具有相同功能的服务模块，提供更多交易环节的平台服务，逐步过渡到全流程服务模式。一方面，这很可能是出于提升用户体验的目的。另一方面，间接网络外部效应的存在也是平台企业选择全流程服务模式的一个重要原因（曲振涛等，2010）。以交易信息服务平台与第三方支付平台为例，当交易信息服务平台的用户增多时，平台企业对第三方支付平台的依赖性会增强；同样，第三方支付平台的用户增多时，交易信息服务平台的网络效应也会增强。于是，交易信息服务平台就有动力通过兼并措施进行一体化经营，这样网络外部效应会被平台吸收，可见，作为互补者的任何一方市场的扩大，都有助于平台企业形成更大的市场份额和进入壁垒。

6.2.3　平台企业深度参与价值链

　　典型的传统商业模式中，企业提供商品给顾客，顾客为购买商品而支付货币，企业成为价值链中的主要角色。具体来讲，传统企业作为商品的提供者，是价值的创造者，它需要通过一定的方式（直接渠道或者间接渠道）将商品传递到顾客的手中，并以顾客为此支付的货币作为收入，这一过程就是企业价值传递与实现的过程。在传统第三方交易平台模式下，平台企业很少介入价值的创造、传递和实现过程。但在互联网平台交易模式下，虚拟的交易平台作为主要角色参与了极其重要的价值传递环节和价值实现环节。尽管传统企业仍然是价值传递和实现的主体，但由于其自身对虚拟交易平台的依赖性以及平台企业对信息流的掌控，导致价值传递和实现的决策权转移到了平台企业。一旦企业离开平台自建门户网站，客户流量的缺乏将使其不得不承担难以转移的高成本，价值的传递和实现将变得低效甚至无效。因此，依赖第三方网络交易平台将是传统企业经营网络渠道的理性选择。这种对价值传递和实现过程的高度依赖，使得平台在价值链中充当重要角色，价值分配这一商业规则也因此被平台企业掌控，平台也成为价值链的规则制定者。但这并不表明平台企业在价值分配中可以为所欲为，众多平台企业之间的竞争

以及企业用户的多归属行为，使得平台企业在面对价值分配时常常感到非常
棘手。一方面，平台企业在价值分配时必须确定合理的价值分配比例和方式，
把买卖双方吸引并保留到自己的平台上，以防被竞争对手抢走；另一方面，
平台企业更意愿为商户提供各种优质的服务，将技术、资金、管理能力投入
供应链运作，提高供应链效率，与卖方一起高效地为买方提供高品质、高性
价比的商品。平台的收益与平台商户的收益有关，只有平台商户在交易中获
得较好的收益时，平台才能获得相应的收益。例如，阿里巴巴的新零售供应
链，通过技术支持，为淘宝和天猫上的众多商户提供供应链管理的优化方案
等，从而提升供应链整体服务效率，给消费者带来更好的时效服务和购物
体验。

6.2.4　线下与线上互通模式

传统交易平台与虚拟交易平台给人们的感觉似乎是完全不同的两个事物。
传统交易平台离不开合适地段的空间场所，这制约了平台的发展。随着信息
技术的进步，基于互联网的虚拟交易平台开始出现。虚拟交易平台打破了空
间限制，极大地提高了可容纳交易主体的数量。虚拟交易平台广泛应用信息
技术，使得人们获取信息和交互信息的效率极大提升。加之对交易主体历史
交易数据的分析和应用，更多潜在的交易机会被发现，更多个性化需求被满
足。虚拟交易平台以其便捷化的交易流程、便利化的信息搜寻方式和强大的
价格优势，攻城略地般地抢占了大量的传统交易平台市场份额。

然而，相比传统第三方交易平台，虚拟交易平台不能实现当场验货和实
时交付，始终存在着用户体验不足的问题。在现今的市场环境下，众多品牌
的商品开始实行线上线下同价机制，消费者在传统交易平台也能享受虚拟交
易平台中的优惠价格。随着消费升级，消费者越来越看重购物体验，这迫使
虚拟的第三方交易平台转而投入实体体验功能的建设，出现线上线下融合式
平台。传统交易平台在互联网浪潮的冲击之下，也开始利用网络技术进行转
型和升级，实现线上业务与线下业务的互联互通。线上业务与线下业务互通
融合，已然成为第三方交易平台的发展趋势。

6.2.5 平台的差异化竞争

平台的差异化竞争是指平台提供的产品和服务具有独特性，能够满足市场差异化的用户需求，从而形成竞争优势。平台的差异化竞争战略成功实施的条件：①存在差异化的市场需求。平台用户的需求往往是多样化的，这也给平台企业的差异化经营带来了市场机会。例如，拼多多注重低端消费市场，天猫注重品牌市场；敦煌网是提供小额外贸服务的 B2B 平台，慧聪网则是以内贸服务为主的 B2B 平台。②平台企业提供的服务被用户认为是有价值的。只有获得市场用户的认可，差异化竞争战略才能成功实施。③差异化以创新为主导。差异化竞争优势的获取往往是企业创新的结果，其凝聚了大量的知识和技术，形成不易被竞争对手模仿的优势。企业实现以创新为主导的差异化，对其创新能力以及资源整合能力是一个较大的考验。

在互联网时代，阿里巴巴等虚拟交易平台往往具有"赢家通吃"的特性，强大的网络聚集效应使其在自己的市场范围里形成了寡头垄断的地位。面对这样强大的竞争对手，差异化竞争对于新兴平台企业的生存和发展尤为重要。只有创新产品和服务，进行差异化的市场定位，提供有价值的平台交易服务，才能打破寡头垄断的市场格局。

6.2.6 平台生态圈构建

第三方交易平台生态圈引申自生物圈的概念，很显然，第三方交易平台、卖方、买方及其他社会组织，还有所处的自然环境和政治、经济、文化等社会环境因素，构成第三方交易平台生态圈。

在互联网时代，用户的需求变化越来越快，越来越难以捉摸，平台企业单纯依靠自身资源和能力已不能满足用户的多样化需求。这就需要平台企业在核心业务驱动下尽力构建多边群体合作共赢的机制，建立一个更大的商业生态圈，以满足用户的多样化需求。第三方交易平台生态圈如图 6-2所示。

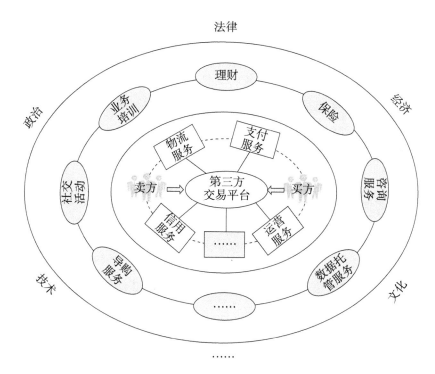

图6-2　第三方交易平台生态圈

　　第三方交易平台生态圈是开放性的。平台连接着制造业、服务业以及异质性的交易用户，不同群体之间存在着形成网络价值的潜质，平台企业需要在生态圈中担任重要的角色，控制其发展方向，保持较高的开放度和较强的可拓展性，以"兼容"潜在性、随机性、异质性的用户群体需求，在供需双方之间发挥最大的配置效应，以维持生态圈"新陈代谢"。

　　第三方交易平台生态圈是协作、共赢的。第三方交易平台生态圈的结构、特性和功能是行为主体在复杂多元的相互作用下协同进化的产物。相关行为主体（利益）关系紧密，以满足"终端消费需求"为目标，以经济利益为纽带，从而形成了比较牢固的"资源共享、利益共享、风险共担"的共同体。比如，华熙LIVE·五棵松就是一个平台生态圈，华熙国际（北京）文化商业运营管理有限公司除了提供平台，还对入驻的商家品质和品牌档次进行控制，为用户营造一种较为高端的生态圈。随着信息技术的发展，平台生态圈正从实体状态向虚拟状态转化。

无论是实体生态圈还是虚拟生态圈，其本质都不会发生变化，所有成功的平台生态圈都是建立在开放、协作、共赢的基础之上的。平台生态圈的发展需要生态圈参与者共创价值和共同演化。作为生态圈的主导者，第三方交易平台需要协调好生态圈参与者、参与者与平台的利益关系等，既要鼓励平台生态圈内相关利益主体共生和竞争，也要推动利益相关者与平台企业一起向有利于平台健康发展的方向共同演化。

6.3 拼多多的崛起①②

拼多多创立于 2015 年 4 月，短时间内迅速崛起，引起媒体、网民的广泛关注。拼多多的商业模式有何竞争优势，使其能够在巨头把持的市场中生存下来并获得众多交易者的青睐？

6.3.1 目标市场的差异化定位

作为连接买家和卖家的第三方交易平台，拼多多兴起的关键在于其差异化的市场定位。对于一个企业来说，搭建一个电子商务平台并非难事，难的是如何吸引并聚集交易用户，这离不开企业对消费者需求的准确把握和对目标市场的精准定位。拼多多经过详细调研，将目标市场定位为为低端消费人群提供服务，平台所售产品以快消品为主，采用折扣/团购销售的方式，以低价策略抢占三线及以下消费市场。

1. 低端市场的商业价值

作为制造业大国，我国制造能力较强，制造成本较低，多年来已成为全球供应链中不可缺少的重要环节。随着近年来全球经济的疲软以及中国与发达国家之间因贸易失衡导致的贸易摩擦现象的增多，一些产品的出口贸易受

---

① 拼多多，流量的轻和供应链的重［EB/OL］.（2018－07－30）［2019－05－23］.https：//www.iyiou.com/news/2018073077934.

② 拼多多，社交红利第一拼［EB/OL］.（2019－01－22）［2019－05－23］.http：//www.woshipm.com/it/1865561.html.

到影响，大量的厂商需要找到新的产品销售出路。同时，中国地区经济发展不平衡，消费不均衡，许多农村地区仍然物质资源缺乏，我国存在大量的低端消费人群。众多中小供应商依靠自身力量难以进行充分、有效的供需匹配，亟须借助网络交易平台找到销售途径。

国内主流的电商向品质化方向发展。例如，阿里巴巴集团的业务发展重心向天猫倾斜，京东也在不断追求产品和用户的升级。低端供应商成为被舍弃的对象，市场缺少基于低端消费的虚拟交易平台，此时，拼多多的出现弥补了相应的市场空白。

2. 差异化战略实施的基础条件

拼多多是移动商务模式的创新，当前中国市场基础设施的完善为其产生提供了基础条件：首先，智能手机的普及是拼多多业务能够顺利开展的前提。智能手机的普及率逐年增加，《2021 全球移动市场报告》显示，2021 年中国智能手机普及率已达66%。红米等低价智能手机在中国的普及，使三线城市及以下的用户能够快速上网，农村电商市场得以快速发展。其次，拼多多基于微信平台开拓业务，微信平台拥有数十亿的用户群体，为其拓展业务提供了海量的用户基础。再次，微信支付功能的开通，为拼多多解决了快捷支付问题。最后，我国物流业快速发展，物流节点深入乡镇，为农村用户在线买卖提供了物流条件。

6.3.2 创新性的交易组织过程

拼多多基于手机终端创建交易场景，在聚集交易用户、匹配交易中采用"社交＋电商"的组织方式，形成了自己的特色。

1. 聚集交易用户

一般认为，跨边网络效应对平台的形成和发展有着重要的作用，淘宝网等电子商务网站在发展初期都曾通过免费或者赠送优惠券等方式吸引买卖双方交易者，但拼多多采取了不同的推广策略，将买方的直接网络效应发挥到了极致，以低价团购的方式激励消费者主动将商品链接发送到亲朋好友群中推广。为了能够吸引更多的买方人群，拼多多采取了几十种拼团策略，如秒杀、一分钱抽奖团、助力砍价、团长免单等，斩获大量用户。

单边用户聚集模式的选择，缘于拼多多对网络交易大环境和市场供需的准确把握。电子商务经过多年的发展，我国网络交易大环境逐步完善。大量中小制造企业的存在为平台提供了大量的潜在供应商，而且不同于电子商务发展的初级阶段，卖方端的基础设施已经非常完善，平台基本不需要在培养卖方以及提供基础设施上进行投入。对平台企业来说，相对于买方而言，聚集卖方是比较容易的。当前，各交易平台吸引新买方的成本不断增加，因而具有聚集买方比较优势的平台更容易迅速做大。实际上拼多多的发展逻辑也在于此，集中大量的资源投入营销模式创新和买方聚集。

拼多多采用"社交＋电商"的组织模式，充分利用消费者的社交网络进行病毒式营销。拼多多抓住人们的心理，以"团购"模式让人们认为自己获得了团购价，而不是商品本身价格低廉。消费者可以选择单独购买或者以团购方式购买，团购的优惠力度往往比单独购买大很多，价格上的对比鼓励消费者选择团购模式。消费者可以到 App 上直接参与他人的拼团，也可以下单后将拼团信息发布到朋友圈中进行推广，一旦达到拼团人数要求，拼团成功，各个消费者都将以优惠的拼团价格获得商品。如果拼团失败，系统也会自动将付款金额退回消费者账户。在这种模式下，每个先下单的买方都有较强动机介绍新买家加入拼团，买方以类似病毒传播的方式自发吸引新的买方加入平台，这极大地强化了平台聚集买方的能力，平台甚至无须支付"推广"成本。拼多多拼团模式举例分析如图 6-3 所示。

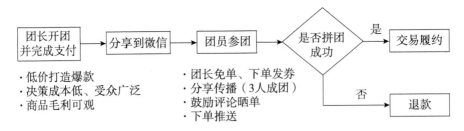

图 6-3　拼多多拼团模式举例分析

资料来源：拼多多指数增长揭秘［EB/OL］．（2018-04-16）［2019-05-23］．http://www.360doc.com/content/18/0416/06/52710900_745986072.shtml.

2. 匹配交易

淘宝网等早期虚拟交易平台一般是商户在线开店并陈列商品，平台提供产品目录、搜索引擎等工具让消费者寻找所需商品信息，并为买卖双方达成交易提供见证及履约保障等服务。平台首先需要努力吸引买方用户登录平台，然后通过控制流量的走向（如淘宝客、直通车等）来撮合交易。商户也会通过各种途径和方法努力获取更多的用户流量。

在互联网电子商务发展早期，网民数量增速较快，交易平台吸引新用户的压力相对较小。但随着国内网民人数趋于饱和，新发起的交易平台需要通过各种途径争取买方用户，获客成本显著增加。拼多多创新了吸引买方用户的方法。相比淘宝网等传统电商平台，拼多多创建了新的销售场景，它借助微信平台，直接展示商品，以拼团的方式销售商品，使经营简化了许多。拼多多鼓励消费者在自己的人际交往圈里分享产品图片及链接，使消费者以优惠的团购价格成交商品。

相比淘宝网等平台提供的货架模式，拼多多的营销基于微信等社交网络平台，其流量组织模式是去中心化的。这种去中心化的社交电商主要依靠社交网络的信息传播和消费者的自组织销售行为，因而口碑传播变得非常重要。真正好的产品，其信息会通过社交网络迅速传播和裂变，最终购买用户爆炸式增长。这种"人推荐物"的交易匹配模式，往往是基于人们对于真实体验的互动沟通形成的。熟人推荐增加了可信度，使人们能够快速做出决策，降低搜寻、决策的成本。而且，商户很难通过删差评、写好评得红包等方式影响评价体系，这有助于人们获得真实的产品信息。因此，真正品质好的产品在社交媒体的作用下往往会通过人们的口碑传播而成为爆品。

6.3.3 假冒伪劣商品问题的产生与应对

拼多多采用 C2M（消费者到工厂）或者 C2B（消费者到企业）的直销模式，减少了产品销售过程中的流通环节，节约了流通成本，使消费者能够享受非常低的出厂价格，这是拼多多平台上产品具有吸引力的一个重要原因。为了满足日益增长的买方需求、更好地发挥买方和卖方之间的间接网络效应，拼多多对卖方提升了管理要求，如低价要求、宽进严出的财务管理要求等，这给卖方带来了极大的挑战，迫使卖方放弃更多的交易剩余。激烈的市场竞争促使卖方往往采取低价销售策略，但同时又要保证商品质量，这并不是一件容易做到的事情。在缺乏监督的情况下，卖方在产品销售中更容易滋生投机行为。

拼多多在治理假冒伪劣商品问题方面投入了大量精力和资源，从规则和技术层面加强了对售卖假冒伪劣商品商家的惩罚，例如，主动关闭涉嫌违法违规的店铺，投入技术力量对疑似假冒伪劣商品链接进行前置拦截。

为了提升平台产品品质，拼多多在加强平台治理的同时，通过供应链管理来确保消费者获得优质低价产品，增强用户黏性。

在社交型分销网络中，"人以群分"的社交特点使拼多多更容易将具有相似价值偏好的用户分类在一起，根据用户需求，开展供应链管理，精准推送产品。但供应链管理并非一件容易的事情。一方面，整顿供应链就必然对商家提出要求，清退不合规的商家，拼多多作为市场交易的组织者，其收益来源于对商户的收费，因此这很可能恶化平台与商家的关系。而且，新的优质商家的引入和成长是需要时间的，必然会影响平台的交易额和收益，这成为平台不得不面对的难题。另一方面，淘宝和京东多年的电商运营实践表明，只有进行线上和线下供应链整合，才能够更好地服务用户。但供应链管理具有复杂性，涉及产品仓储、调拨、配送、结算、品控、售后等多个环节，要整合供应链的多个环节，使之有序运行并快速应对市场需求变化，需要巨大的投入并克服很多困难，因而短时间内很难完成。因此，供应链管理的升级将是拼多多未来很长时间的战略要点。

6.3.4　思考与总结

拼多多案例是差异化战略在平台企业间竞争的成功运用。淘宝和京东基于多年的发展形成了寡头垄断的市场格局，但拼多多利用差异化的市场定位在低端消费市场获得市场机会，拼多多在组织市场交易的过程中也采用了差异化战略，率先运用"社交＋电商"的组织模式，为其带来了指数级增长的用户数和交易额，形成了显著的先发优势。随着拼多多的快速发展和成功上市，其创新性的差异化战略被许多电商模仿。对于拼多多而言，唯有加强自身的供应链管理能力，才能将优势继续下去。

微信平台为拼多多带来了巨大的流量红利。与微信平台"去中心化"的社交模式相适应，拼多多的产品营销模式也呈现"去中心化"的特点。相比淘宝、京东的"中心化"流量分发模式，单个商户通过"去中心化"的裂变模式获得流量，便宜而高效。但这种模式也使得拼多多难以获取集中的流量入口，从而在业务上过度依赖微信平台，未来发展可能会受制于腾讯。为了形成自身的核心竞争优势，拼多多可以从多个方面入手，如将用户流量导入自身 App、培养用户黏性、加强供应链管理、多元化发展以创造新的利润来源等。

此外，平台治理问题存在着复杂性，单靠平台企业自觉治理是不够的，需要更多主体参与进来，构建更为科学、合理的治理模式。

6.4 本章小结

所有的第三方交易平台企业可以说都处在买方、卖方、替代者、互补者等相关主体的博弈之中，平台企业据此选择组织战略：①交易用户的争夺是平台竞争的关键，平台企业通常采取措施吸引用户的注意力、增强用户体验并优化定价，确保平台两边用户利益平衡。②采用关键流程服务模式还是全流程服务模式，与平台企业发展阶段密切相关。在起步阶段，平台企业往往会采用关键流程服务模式，当平台企业形成一定的规模，在市场中占有相当的份额时，平台企业倾向于采取全流程服务模式。③在互联网技术的支持下，平台企业深度参与价值链。竞争的需要使平台企业愿意为商户提供各种优质服务，将技术、资金、管理能力投入供应链运作，提高供应链效率，与卖方一起高效地为买方提供高品质、高性价比的商品。④纯虚拟的第三方交易平台为了弥补用户体验的不足，开始投入大量精力用于实体体验功能的建设，传统交易平台在互联网浪潮的冲击之下，也开始利用网络技术进行转型升级，线上线下业务互通融合已然成为第三方交易平台的发展趋势。⑤面对强大的竞争对手，差异化竞争对于新兴平台企业的生存和发展尤为重要。创新产品和服务，进行差异化的市场定位，提供有价值的平台交易服务，才能打破寡头垄断的市场格局。⑥构建多方参与的平台生态圈是平台企业重要的战略内容。无论是实体生态圈还是虚拟生态圈，所有成功的平台生态圈都是建立在开放、协作、共赢基础之上的。作为生态圈的主导者，第三方交易平台企业需要协调好各方的利益关系，既要鼓励平台生态圈内相关利益主体共生和竞争，也要推动利益相关者与平台企业一起向有利于平台健康发展的方向共同演化。

拼多多在平台企业竞争中成功运用了差异化战略。拼多多利用差异化的市场定位在低端消费市场获得市场机会，率先成功运用了"社交＋电商"的组织模式，为其带来了指数级增长的用户数和交易额，形成了显著的先发优势。但由于拼多多在业务上过度依赖微信平台，未来发展可能会受制于腾讯。为了形成自身的核心竞争优势，拼多多可以从多个方面入手，如将用户流量导入自身 App、培养用户黏性、加强供应链管理、多元化发展以创造新的利润来源等。此外，平台治理中，单靠平台企业自觉治理成效不够，需要更多主体一起参与，以构建更为科学、合理的治理模式。

7 互联网时代平台企业组织结构变革

7.1 金字塔组织及其现实困境

前面我们在分析企业性质时指出，设立企业是拿剩余浮动收入的雇主组织团队生产的一种投资活动。拿剩余浮动收入的雇主承担了团队协作后的运作风险，只有团队成员之间的合作更有效率，雇主获得的剩余浮动收入才能更高。然而，随着企业生产规模的不断扩大和生产力的不断增强，团队成员之间协商各自合约的成本也将增加，影响组织效率，带来企业内部的组织管理问题。马克斯·韦伯的科层制组织理论被许多企业家视为解决这一问题的宝典。在工业经济时代，科层制（以下简称"金字塔组织"）是企业获得效率的最佳组织方式，为企业管理带来不俗的功绩。然而，如同事物总具有两面性一样，金字塔组织也存在着天然的缺陷。互联网时代，市场交易环境变得更加复杂，给交易组织方式和企业的运作模式带来了巨大的冲击，金字塔组织的弊端显露无遗，这让我们重新审视和反思组织模式的选择问题。

7.1.1 金字塔组织溯源

19 世纪末 20 世纪初是西方国家由自由资本主义向垄断资本主义过渡的时期，科学技术不断进步，工业文明飞速发展，形成了一些庞大的工业垄断集团。旧有的纯粹依靠个性的组织管理形式，已难以适应当时的生产力。企业的管理实践证明，当时的大企业管理需要专业化、标准化、一体化和程序化。金字塔组织的出现，使组织管理逐步走向科学化、标准化和系统化。

金字塔组织是一种依职能和职位进行权力分工和分层、以规则为管理主体的组织体系。在纵向上，按照等级制分层，建立指挥体系、上下级关系，低层级受高层级的控制和监督；在横向上，则按照亚当·斯密的分工理论进行划分，每个成员都凭自己的专业特长、技术能力获得工作机会，承担明确的责任。在韦伯的设想下，每一个管理层、管理层下的每一个员工都有明确的分工，权责明确；组织内部具有明确的纪律和规章，组织运行包括组织成员间的活动与关系都受规则限制。在韦伯看来，这样的组织模式可以保证员工行为的准确性和稳定性，同时，纪律和规章保证所有的权力运行都朝向同一个目标，从而可以有效提高组织效率。

在大工业时代，由于信息的闭塞性和生产的机械化，金字塔组织成为工业革命时代最为有效的组织形式。但随着信息经济时代的到来，开放、平等、协作、快速、分享的互联网精神对社会经济生活产生了深刻影响，传统的金字塔组织形式越来越难以适应快速发展的时代需要。

7.1.2　金字塔组织的现实困境

1. 信息流通的障碍

金字塔组织存在的一个潜在的前提：组织决策者能够获得充分的信息，并且具有超强的决策能力。事实上，一个人的能力是有限的，决策者所掌握的与决策有关的信息也是有限的。集权使得来自组织基层的信息需要层层反映到高层，信息每经过一层管理者，就会加入管理者的个人观点，进行再次编码和抽象，对自己有利的信息会被保留，对自己不利的信息会被去除或者模糊化处理。信息在传递的过程中会出现不同程度的扭曲和失真，高层可能无法认识到问题的具体情况和严重程度，基层也可能难以理解高层决策的真正意图，从而降低决策的质量。另外，来自基层的信息只有层层上报才能到达高层，这也降低了决策的速度。在快速变化的市场环境中，决策速度将直接影响企业面对市场需求变化的反应速度，进而影响企业的市场竞争能力和员工工作的积极性。组织层级越多，信息过滤、失真和沟通效率低下等问题就越严重，就越可能导致决策失误或错失良机。在信息经济时代，信息瞬息万变，呈现爆炸式增长趋势，在这种情况下，信息层级传递的成本越来越高。

因此，传统的金字塔组织在信息流通方面越来越难以适应市场竞争的需要。

2. "部门墙"的存在

在金字塔组织架构模式下，企业根据分工原则划分职能部门，各司其职。但在实际运作中，很多业务流程都是需要跨部门协作的，协作过程中往往会出现沟通不畅、相互扯皮、推卸责任、合作不顺等种种现象，形成一道无形的"部门墙"。"部门墙"虽然看不到、摸不着，但它是客观存在的。"部门墙"的存在不仅阻碍业务流程的顺利开展，影响企业内部合作文化的形成与发展，甚至可能成为组织内部占山为王、派系林立的根源。许多管理者往往把"部门墙"的产生归结为人的问题，认为这是一种"不积极主动、不负责任"的表现，也有学者把这种现象归结为部门之间的沟通问题。[①] 这两种观点其实都只看到了事物的表面，缺乏更深层次的考虑。事实上，出现这一现象的原因在于组织方式和人性问题。

为了便于组织管理，企业往往会明文规定部门的职责范围和权限（如果没有明确部门职责和权限，很可能会出现工作扯皮和职责不清的情况），并配有相关的绩效考核指标。但这样做实际上也无形中划定了工作的"界限"，将组织整体割裂为一个个的"小模块"，每个员工都专注于做自己职责范围以内的事情，职责范围以外的事情往往不在其绩效考核的范围内，员工没有动力去做。这是由人性中趋利避害的特点决定的。但许多业务的开展往往需要跨部门协作才能完成，于是，协作过程中推脱责任、扯皮、沟通不畅等现象屡屡发生。

在金字塔组织中，企业内上下级以及部门内领导与员工在遇到不同意见时，上级领导可以运用权力强制下属执行，形成一致的组织行为，但平级的职能部门想要协调一致必然会存在许多困难，不同的部门往往有不同的部门目标和利益需求，不同类型员工的行为方式也会存在差异，这些不同之处不可避免地会在组织运行过程中产生冲突。因此，只要有专业化的职能分工，就会产生职责交叉、信息不对称和利益冲突等问题，在企业内部就会形成难

---

① 姬剑晶，张成. 执行这样抓就对了：世界500强正能量管理笔记［M］. 北京：中国纺织出版社，2017.

以跨越的"部门墙",降低组织运行效率。

3. 组织结构刚性

组织结构刚性是指当企业的组织结构与外界多变的环境不相适应时,组织结构本身表现出的很难改变的特征。[①] 金字塔组织是应社会化大生产要求出现的。为了应对外界高度复杂的环境,金字塔组织强调权力的层级节制、规章制度的运作以及组织管理的非人格化等。正是金字塔组织的这些特征,使其组织结构呈现刚性特征,并形成一种潜在的发展悖论:企业越强调经营效率,就会越强调制度、规则和一些流程的作用,其结果是企业组织结构日益僵化,对外应变能力降低。[②] 此外,金字塔组织严密的层级结构使得权力集中在少数人手中,容易在企业内形成既得利益群体。这些既得利益群体为了自身利益而不愿打破固有的组织结构和利益格局,各种保守和抵制变革的思想和行为在组织中随处可见,这促使组织结构变得更加刚性。

4. 组织成员创新性的缺失

金字塔组织通过规章制度和权力对组织成员进行监督和控制,以增强组织的可靠性和可预测性,确保组织效率。员工在组织中必须按照规则办事,在这种环境中,员工犹如一个个的"机器零件",个性受到压抑,思想被束缚,难以参与企业创新。创新成了企业内部研发部门的事情。然而,柯达的倒下、诺基亚的失败、索尼与夏普的衰落等一系列的事件让我们认识到:当创新仅仅是企业内部研发部门员工的责任时,创新往往是基于少数人的思考,创新的结果难以完全贴近人类的生活和正确把握"未来"的趋势。在高速发展的时代,仅仅依靠企业少数人进行创新是远远不够的。事实上,满足人类的多样化需求,需要的是无数的"微创新",也就是在产品/服务的细节上进行微小的改进。"微创新"需要员工以用户为中心,挖掘用户需求,匹配资源,适应市场。全员创新的时代已经来临,根植于员工的知识资本成为企业

---

① 刘海建,陈松涛,陈传明. 企业组织结构的刚性特征及其超越 [J]. 江苏社会科学,2004 (1).

② 刘海建. 为什么效率高的企业死亡率更高? [J]. 清华管理评论,2013 (1).

创新的核心竞争力。与传统的土地、资本等标准化的生产要素不同，人具有不同的性格特质和诉求，只有给予员工尊重、理解、关心、信任，让他们像经理人一样思考和决策，创新能力才易于被激发出来。

金字塔组织刚性的组织结构、"部门墙"的存在、信息流动的障碍以及组织成员创新性的缺失等现实问题，导致企业面对市场需求反应迟缓，越来越难以满足客户多元化、个性化的需要，许多企业组织开始主动寻求变革。

7.2　互联网时代的新型组织形式——平台型组织

7.2.1　平台型组织及其特点

在互联网快速发展的今天，我国广大消费者群体已经发生了显著变化：从"孤立分散"到"相互连接"，从"孤陋寡闻"到"见多识广"，从"千篇一律"到"与众不同"，从"消极被动"到"积极主动"①。个性化需求兴起，市场不确定性日益增加，用户已经不再满足于单一的市场交易需求，而是希望能够满足自己的一揽子多元化需求。社会生产正在经历从以厂商为中心到以用户为中心的转变过程，即以产品/技术为核心价值转变为以向用户提供专业化程度高的一体化解决方案为核心价值，信息在其中扮演着越来越重要的角色。为了应对外部市场环境的种种变化，各企业开始尝试进行新一轮的组织变革，一些先行企业开始尝试在组织中引入平台化管理思想，构建一个可以持续产生与人类贴近的新创意，可以激发全员参与、全员创新的新模式与环境②。组织设计的起点向以人为本回归，计划与控制、发号施令以及服从的传统组织语言，让位于扁平化、以用户为中心、领袖力激活、平台化发展和团队合作等新型组织语言。BCG指出了平台型企业组织的四大重要特征：

---

① BCG：未来平台化组织研究报告［EB/OL］．（2016–10–19）［2019–03–16］．https：//www.sohu.com/a/116587602_483389.

② 陈威如，徐玮伶．平台组织：迎接全员创新的时代［J］．清华管理评论，2014（Z2）．

大量自主小前端、大规模支撑平台、多元的生态体系，以及自下而上的创业精神。① 阿里研究院也用"大平台＋小前端＋富生态＋共治理"来描述企业未来的组织方式。

前端业务人员直接面对市场和用户，负责组织企业内部资源，为用户提供产品、服务或解决方案。面对越来越复杂的外部市场环境，前端业务人员需要越来越灵活地应对各种可能出现的情况。因而，在组织中引入"类"市场机制，让前端的小业务团队或者个人成为自主决策的主体，充分发挥前端业务人员的自主性、创新性至关重要。市场和用户会以"用脚投票"的方式，自然辨别和筛选出市场需要的前端。

要培养强大的前端，需要组织提供一个大的支持平台，提供资源和机制保障。大平台至少起到以下作用：一是给前端提供质优价廉的资源支持。只有提供质优价廉的各种资源，才能吸引和留住平台上的创业团队，支持其为用户提供优质的产品和服务，让其进行创新和变革以及拓展新业务。二是提供各种机制保障。一个成功、高效的平台需要提供收益分配机制，明确企业与前端创业团队的利益分配关系；提供激励机制，激发前端业务人员的积极性；提供风险控制机制，控制可能出现的各种风险，确保平台高效运转。通过设立各种机制，努力实现平台企业利益和前端创业团队利益的最大化，助推前端创业团队成功，并获取价值认同。此外，大平台也会为小前端提供各种支持服务，如资源协调与整合、信息共享、员工培训等。以阿里巴巴为例，阿里巴巴将企业拆分成众多独立的小事业部运营，并在组织内部建设强大的中台，中台提供组织内部共享的技术、数据、产品和标准等，并对各业务前端需要的商业能力进行模块化和封装化处理。封装后的能力，可以由前端业务部门直接调用，快速创新，从而形成"大中台、小前端"的组织和业务体制，使系统更轻、更快，使决策更灵活，以迎接未来新商业环境带来的机遇和挑战。阿里巴巴中台的能力封装示意如图 7 - 1 所示。

---

① BCG：未来平台化组织研究报告［EB/OL］．（2016 - 10 - 19）［2019 - 03 - 16］．https：//www.sohu.com/a/116587602_483389.

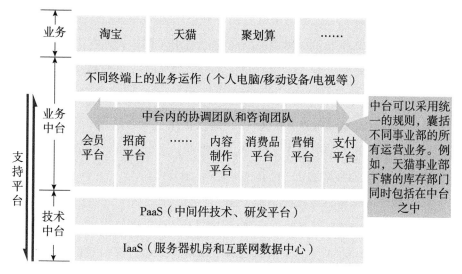

图7-1 阿里巴巴中台的能力封装示意

资料来源：BCG：未来平台化组织研究报告［EB/OL］．（2016-10-19）［2019-03-16］．ht-tps：//www.sohu.com/a/116587602_483389.

与金字塔组织相比，平台型组织表现出不同的特点：

1. 从"命令—控制"到"协同—信任"

金字塔组织模式强调等级权威和集中控制，"命令—控制"是其底层逻辑。然而，这种模式存在一个最容易被忽视的基本原则，即组织是"人"的组织，这种组织模式把"人"的意识系统地融合起来，采取某种特定趋势的"行为方式"完成组织目标。在组织当中，越是追求目标的整齐划一、资源的集中调配，越需要运用意识形态的影响力让每一个组织成员"听话"，并削弱他们的自由意识。但是，自由意识又是人创造力和应变能力产生的基础。因此，在金字塔组织中，企业家越是追求组织的一致性和高效率，越是希望实现组织资源的统一调配，则组织的灵活性和应变能力也就越差。

当今社会，互联网技术的广泛应用使得信息传播不再遵循传统的线性传播（单向或双向）模式，而转为非线性传播（网状随意的传播）模式。同时，基于互联网的商业时代，倡导开放式的信息沟通、传播以及跨界的交流合作，各种要素组合更多地展现出横向连接和协同需要，组织的"重心"逐渐向接触用户的前端转移，组织越来越需要更具有柔性和创新能力的前端。

另外，从马斯洛需求层次理论来看，当今社会个体的需求已经从较低层级的生理和安全需求向尊重和自我实现的高层级需求转移，人们在满足物质需求的同时，开始转向追求个体的发展和自我价值的实现。平台型组织正是适应时代需求而产生的一种新型组织模式，在这种组织模式中，企业角色从产品服务提供者向价值创造服务者转变，"协同—信任"成为新的组织逻辑并不断发挥作用：在组织活动中给予个体充分的信任，充分调动、释放组成成员的创新能力，更敏捷地满足用户的个性化需求。

2. 从减小不确定性到吸收不确定性

博伊索特（2005）认为，在传统的组织中，金字塔组织是减小交易不确定性的最好选择。尤其是在变化缓慢的产业里，企业内部的知识资产更新速度较慢，金字塔组织有充分的时间来俘获并系统地构造相关知识，然后充分利用这些知识来减小交易中的不确定性。然而，随着互联网的迅猛发展，企业面临的是多变无序和充满不确定性的新市场环境，完全依靠"一个大脑"思考的传统金字塔组织变得无所适从，繁多的组织层级和缓慢的知识流动已无法满足瞬息万变的市场需要。组织的社会学习周期在加速"运转"，对知识流动的充分利用已不能再通过使它减慢速度来实现。企业需要一种开放、分权、有机、灵活的组织形式，来有意识地纳入不确定因素。组织结构的平台化为这种需求提供了可能。平台连接各个自主决策的小团体，它们可以自由组合人员、确定项目、整合资源和自主创新，在需求端开展小型实验，不断调整以满足市场需求。这种分布式存在的创新组织，可以弹性和灵活性地应对市场的不确定性和多样性。

3. "类"市场关系和网络效应的形成

在平台型组织中，平台连接两边（或者多边），一边是各种形式的员工，可以是个人、团队等，另一边是与企业业务相关的各种元素，可以是客户、市场、资源提供方或者创业机会等。组织内部主体之间是一种"类"市场关系，主要体现在以下几个方面：第一，各主体形成自我管理、自我经营的"自组织单元"，在被赋予自主决策权力的同时也要承担其市场行为带来的全部或者部分盈亏。企业根据结果对各主体进行考核和业绩管理，管理流程得以简化。第二，平台型组织形成大量的小前端，这些小前端之间是类似市场竞争的关系，小前端与组织其他部分之间是以业务流程为主线形成的业务协调关系。第三，组织具有开放性，组织成员可以根据自愿原则组成各种小团队。适应市场的小团队会生存下去，否则会被淘汰或者整改。"类"市场关系的组织有助于平台网络效应的形成，小团队在组织内部获得自主决策的授权，通过组织各种内外部资源，满足个性化的用户需求，从而吸引越来越多的用户加入平台，而用户的增加又会带来更多的市场需求，反过来会进一步吸引优秀的人才不断加入组织以共同创造价值。

7.2.2　平台型组织能否取代金字塔组织

在新商业时代，传统的金字塔组织模式面临着变革，同时，平台型组织在实践中不断呈现出优势。关于平台型组织能否取代金字塔组织，不同的专家提出了不同的观点，但主要可以概括为以下两种：

一种观点认为金字塔组织已经无法适应时代发展，其最终将被平台型组织所取代，平台型组织是未来的组织模式。例如，王明春（2017）认为，适应新商业时代的组织是"平台＋产品经营体"的组织逻辑与系统架构，平台化组织模式架构如图7-2所示，产品经营体是价值系统的前端，表现形式可

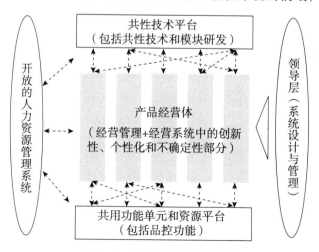

图7-2　平台化组织模式架构

资料来源：王明春．平台化组织模式时代［J］．企业管理，2017（3）．

以是产品子公司、开发项目组、创业团队、区域销售机构、产品组、产品事业群等。整个价值系统（企业）解构和重构，按"平台＋产品经营体"的基本模型组织。各产品经营体和功能单元平台遵循相同的组织逻辑，仍然是"平台＋产品经营体"结构，直至微观层级的平台＋项目组、团队甚至个人（产品经理、客户经理）结构。

另一种观点认为打破传统的金字塔组织模式势在必行，但是并不能完全消灭金字塔组织，构建平台型组织是企业组织改革的方向。例如，樊晓军和李从质（2018）认为，依靠平台化自组织的能力将无法形成企业的资源优势，金字塔组织则为组织整合优势资源、培养核心能力和实现规模经济奠定了基础，因此，金字塔组织是平台化的基础。平台型组织是企业组织发展进化的方向，在企业发展的不同阶段，金字塔组织与平台型组织将会发挥不同的作用。

笔者认为，从当前的互联网时代背景和长远角度来看，平台型组织是为了适应互联网商业环境、克服传统金字塔组织存在的弊端而进行的组织模式优化，将会成为未来很长一段时间内组织结构变革的方向，但我们仍然需要冷静地看待这一创新模式，简单地将平台型组织与金字塔组织对立起来看待的观点过于极端。企业组织结构应当是基于组织（企业）提升自身经营效率的需要，根据企业自身特点构建的。我们知道，组织的结构形态一定是组织治理逻辑的体现。金字塔组织多使用权威机制进行组织治理，平台型组织则展现出市场机制的重要作用。权威机制和市场机制作为企业治理的两种组织逻辑，各有优缺点，它们并非非此即彼的替代关系，而应当互为补充、互相结合、共同作用于有效率的企业组织构造。例如，当组织面临高度不确定性的市场环境时，引入市场机制，能够充分发挥员工的主观能动性和创新性，增强组织适应环境变化的能力。组织中往往会存在一些程序化的工作，这些工作多变性较低，发生意外的可能性甚小，权威机制的应用则更能提升这类工作的效率。因而，未来我们看到的组织结构应该是多元化的，可能大框架以金字塔组织为主，嵌入平台型组织的子模块，也可能大框架以平台型组织为主，嵌入金字塔组织的子模块，完全的金字塔组织或者完全的平台型组织可能会比较少见。对于一个企业来说，在设计组织结构时应综合考虑组织环境、行业特点、组织战略、技术、规模和组织发展阶段等多种因素，理性地选择组织未来的发展方向。

总之，平台型组织之所以在信息时代出现，源于市场需求环境的变化以及市场机制在企业组织内部应用的深化。第三方交易平台以组织市场交易为主要功能，直接面对众多交易用户，因而，更需要在组织中构建开放、分权、有机、灵活的平台型组织结构，以应对复杂多变的市场环境。在经济活动中，阿里巴巴等平台企业的组织调整过程也体现出这一重要的组织变革方向。

7.3 本章小结

信息技术的发展对第三方交易平台发展产生了深刻而重要的影响，本章重点探讨了信息技术背景下平台内部组织结构变革方向、虚拟交易平台治理思路和建议以及第三方交易平台的发展方向。

第三方交易平台以组织市场交易为主要功能，直接面对众多的交易用户，因而更需要在组织中构建开放、分权、有机、灵活的平台型组织结构，以应对复杂多变的市场环境。平台型组织是平台企业为了适应互联网商业环境、克服传统金字塔组织存在的弊端而进行的内部组织模式优化。平台型组织凸显了前端业务的重要性，由前端业务人员直接面对市场和用户，负责组织企业内部的资源，为用户提供产品、服务或解决方案。但要培养强大的前端，还需要组织提供一个强大的支持平台，以提供资源保障和机制保障。

金字塔组织多使用权威机制进行组织治理，平台型组织则展现出市场机制的重要作用。笔者认为，权威机制和市场机制作为企业治理的两种组织逻辑，各有优缺点，它们并非非此即彼的替代关系，而应当互为补充、互相结合、共同作用于有效率的企业组织构造，未来绝大多数组织都将体现出权威机制与市场机制的有机融合。平台型组织之所以在信息时代出现并成为未来组织变革的发展方向，源于市场需求环境的变化以及市场机制在企业组织内部应用的深化。

8 虚拟交易平台治理

8.1 平台治理模式的选择

8.1.1 互联网时代虚拟交易平台治理的重要意义

近年来，随着现代信息技术的发展，虚拟交易平台迅速发展，其规模和影响力爆炸式增长，形成了像淘宝、拼多多等具有寡头垄断性质的互联网虚拟交易平台。虚拟交易平台的出现，极大地降低了交易成本，满足了各种类型消费者的消费需求，对提高消费者的消费体验产生了重要的影响。但也应该看到，网络交易平台中存在的"委托—代理"问题，使交易活动面临着各种各样的治理问题，如侵权假冒、虚假宣传、数据泄漏、网络水军等，极大地影响了整个行业的健康发展，也损害了不少消费者的利益。对这些问题进行有效治理，关乎互联网行业的高质量发展。然而，这些问题呈现数量大、涉及人数众多、时效性强、跨地区等特点，且其危害随着网络效应的扩散进一步放大。网络具有在线性、时效性强、传播快等特征，传统的以政府行政部门为主的治理方式已难以解决虚拟交易平台的相关治理难题，互联网时代，迫切需要变革平台治理模式。

基于互联网的虚拟交易平台是我国市场发展的重要组成部分，其发展方向和质量关系着我国市场交易组织化的效率和质量。明确平台的治理关系和治理核心内容，构建科学合理的平台治理体系，将是推动基于互联网的虚拟交易平台发展的重要举措，必将有利于增强平台的营运能力、促进平台创新发展和交易公平，从而构建良性发展的平台生态环境，维护消费者的合法权益，推动行业高质量发展。

8.1.2 多元主体之间的关系与平台治理模式的选择

就目前产业实践来看，市场秩序治理模式主要有 4 种，分别为市场主导型模式、政府主导型模式、社会主导型模式和综合治理模式（陈宏彩等，2003），不同的治理模式适用于不同的组织类型，各有其利弊。

市场主导型模式来源于市场秩序的自我完善，市场的发展形成了自发调节的秩序，市场在其中发挥着决定性作用，政府则有着宏观调控的作用。这一模式的思想来源于新古典经济学的市场出清理论，该理论认为人们在追求自身利益最大化的过程中必然会形成有利于社会发展的公共利益。

政府主导型模式认为市场并不是万能的，有其自身难以克服的、固有的缺陷，市场秩序的形成需要政府强有力的干预。政府主导型模式中，政府是市场秩序的主要管理者，以科层制作为治理的组织逻辑框架，通过权威的力量维持市场秩序，化解市场中的矛盾冲突。

社会主导型模式强调依靠社会组织的力量，尤其是社会中介组织、行业协会的力量，对市场交易主体及交易行为形成服务、公证和监督作用。

综合治理模式强调调动和协调社会各界力量，共同对市场秩序进行综合治理，以达到令人满意的效果。

治理模式的选择与经济社会发展阶段有关，经济社会发展的不同阶段往往需要不同的治理模式，并没有哪一种治理模式适用于发展的所有阶段。选择哪种治理模式，要考虑经济社会发展阶段与市场发育情况。例如，改革开放以后，我国对传统商品交易市场的治理主要采取的是政府主导型模式，即依靠政府行政管理部门进行监管，行政和管理相结合。这与我国当时市场文化基础较弱、市场主体市场意识不强、遵循市场规则的行为能力不强、市场信用几乎空白有关（王雪峰，2016）。

互联网时代的虚拟交易平台，融合了社交、金融、交易等多重功能，为了自身发展，虚拟交易平台往往需要吸引多方交易群体，形成极大的网络效应和规模经济效应。随着应用的不断深入，虚拟交易平台上连接的主体越来越多，线下与线上相互融合，各种交易活动和增值服务也越来越多，交易主体之间的关系以及交易活动变得复杂、多样和具有不确定性。哪种治理模式应用于这种复杂、动态而多变的市场系统最有效呢？近年来，这一问题成为学界的研究热点。有的学者侧重于研究政府在平台治理中的主导作用（陶希东，2013），有的学者强调平台企业在治理中的主导作用（梁晗等，2017；李广乾等，2018），还有不少学者提出了多元主体协同治理的构想（孟凡新，2015；申尊焕等，2017；等等）。

我们应该看到，虚拟交易平台既是市场交易活动的组织者，同时作为平台服务供应商，也是市场中被治理的对象。此外，互联网具有开放、平等、去中心化的特征以及复杂的互动关系，因此，笔者认为这就决定了平台治理不能只是政府或者平台企业单方面的行为，而必须是一种多方的合作行为。平台连接的利益相关群体构成了平台生态圈，开放、协作、共赢是平台生态圈良性发展的基础理念。因而，平台治理应以构建健康、有序发展的平台生态圈为目的，即在各种不同的制度关系中运用权力去引导、控制和规范平台的各种商业活动，促使虚拟交易平台各参与方以共同利益为基础，建立多元化、多渠道、高效率的协作机制，实现公共利益最大化。

结合互联网技术的发展特点及应用实践，厘清各相关主体在互联网背景下的互动与合作关系，可以为平台治理模式的选择以及治理机制的构建提供必要的理论依据。从现有的平台发展来看，其涉及的主体主要包括政府、平台企业、交易者和其他社会组织。

1. **政府**

政府以社会总福利最大化为目标，是市场秩序的维护者。政府以国家法律和制度为基础，拥有强制性的权威力量，往往发挥着不可替代的作用。政府在平台治理中能够：总揽全局，进行平台治理的顶层设计；统筹兼顾，构建利益均衡机制，领导参与平台治理的多元主体；通过政策、制度、规定、规划等多种措施手段，调节市场失灵，补齐市场在配置资源中的短板，维护良好的平台生态。

从平台治理的管理主体来看，目前我国多个政府部门对平台企业进行监管和治理，例如，公安部对网络犯罪等进行治理；工业和信息化部对网络运营与安全等进行治理；国家市场监督管理总局监管市场等。

从行政管理能力来看，信息化推动政府管理能力不断增强，不仅实现了办公的信息化、网络化和智能化，在利用信息技术推进社会服务和社会管理方面也取得了长足进步。政府各部门之间协同治理的机制初步建立，针对融合业务齐抓共管出台了一系列政策措施。例如，《商务部等12部门关于推进商品交易市场发展平台经济的指导意见》，内容涉及推进商品交易市场发展平台经济的指导思想、基本原则和总体目标，针对"构建平台生态，激发市场活力""加强分类引导，促进商产融合""发挥集聚优势，推动协同发展"等提出了明确的指导意见。政企合作治理也在探索中，不断取得新的成效。

2. 平台企业

平台企业作为市场交易的组织者，是平台治理中起关键作用的主体。前面我们提到，平台企业与交易者是一种开放性合约关系，平台企业向市场中的众多交易者提供平台产品与服务，并制定平台交易规则。平台是开放的，交易者可以选择加入平台或者不加入平台，如选择加入平台，则必须遵守平台规则。合约的签订实际上确定了平台企业与交易者之间的关系。平台依据交易规则对交易者和交易活动进行管理，这是权威关系在平台中的运用。这种权威关系不同于企业组织内部的科层制关系，而是以平台企业的资源控制优势为基础的。平台企业不但可以利用规则的修定、补充和完善来规范市场交易活动，而且可以利用大数据技术全面、快速、准确地掌握平台交易活动状况，进而实现市场交易活动的动态治理。平台企业具有平台管理的内在动机，通过对平台交易者和交易活动进行组织和管理，实现平台企业自身的营利目标。同时，合约的开放性也体现出平台企业与交易者之间的市场关系。网络效应与交易者的多归属行为，决定了平台企业不能仅考虑自身利益，还有必要在治理中体现市场的公共利益，市场的有序运行和生态化发展有助于平台企业长远发展，因而平台企业的"管理"与"治理"具有内在的一致性。

3. 交易者

市场机制体现了供求、价格等市场要素相互制约、相互作用的关系。交易者个体的理性的自由选择行为，通过市场机制协调起来，从而起到市场自发治理的作用。但市场调节也存在不可避免的自发性和盲目性，一旦失灵就会导致资源配置失效与浪费，阻碍经济的发展，损害交易的公平。此外，平台与交易者之间的不对等关系，也导致在两者存在利益冲突时交易者处于劣势地位，往往被动接受平台导致的"不公平"及其带来的利益损失。因而，交易者自身存在着对平台治理的强烈需求和参与动机。

互联网开放、平等、去中心化的特征，使交易者可以更加容易地参与平台治理。面对交易中存在的权力、道德、信息安全等关系到自身和大众利益的热点问题，不少交易者选择通过各种网络媒体发表观点、进行讨论。这种民意的"聚集"，往往能够通过舆论压力对平台治理施加影响。一些身怀强烈的责任感和道义感的交易者，甚至愿意主动参与到平台治理中来。以淘宝大众评审为例，公众参与规则评审，实现了互联网平台的共享和共治，推动了淘宝网交易规则体系的优化。

4. 其他社会组织

这里所说的其他社会组织，是指政府、平台企业以外，按照一定的目的、任务和形式建立起来的其他相关组织，如社会媒体、交易者联盟、协会等。其他社会组织在协调社会利益、化解社会冲突、增进协同等方面发挥着重要作用。例如，媒体对拼多多假货事件的报道在促进平台治理方面起到了推动作用。此后，拼多多平台在治理假货和山寨货方面采取了多项治理措施，取得了显著效果。淘宝商盟是一个基于淘宝网的行业性或者区域性联盟，其以诚信为基础建立，致力于为淘宝商户提供资源整合等服务。近年来，互联网成为各种社会组织活动的重要平台。低成本、快速、高效的信息传播与互动，使得其他社会组织参与平台治理的力量迅速增强。

互联网平台是开放、平等、扁平的，在相关技术的支持下，各主体的自组织管理能力不断增强，不断参与到平台治理当中。从平台治理效率来看，激活并充分利用各相关主体的自组织管理能力，是提升平台治理效率的最佳途径。尤其是平台企业，能够对平台上的交易主体及交易活动进行实时追踪、统计、分析和管理，在平台治理中的必要性和重要性大大提升。政府以社会福利最大化为己任，作为市场的外生秩序，政府能够提供强有力的权威治理力量。尤其是在当前治理模式尚未成熟的情况下，政府更应当发挥统筹、协调和监管的主导地位，规范市场秩序，维护市场有序运行。其他社会组织通过磋商等柔性手段，在政府与市场参与主体之间构筑起沟通的桥梁，平衡各方利益诉求，成为政府治理的重要补充。

综上，在当前经济社会背景下，激活并充分利用各相关主体的自组织管理能力，构建以"政府 + 平台企业"为核心、多元主体共同参与的协同治理结构，成为当前虚拟交易平台治理的有效途径。平台治理实际上体现了政府权威治理、平台企业治理、社会组织治理、交易者自治的融合。平台治理必须寻求它们之间的有机融合与合理平衡。

8.2 当前我国虚拟交易平台治理面临的挑战

互联网时代平台企业商业模式的不断创新和蓬勃发展对我国原有的治理模式提出了新的挑战。

8.2.1 主体目标不一致

从目标来看，政府是以社会福利最大化为目标的，平台企业作为经营者，虽然有治理平台的需求，但其以经济利益最大化为最终目标，个体利益与市场公共利益很可能出现不一致的情况，导致平台企业治理行为偏离。平台企业参与治理的积极性，取决于治理目标与利润目标的协同程度（王俐等，2018），当平台的目标市场定位在中高端市场时，为迎合中高端人群的高品质需求，平台往往倾向于加强治理，如严格审查入驻商户资质、产品质量等，来提升平台整体服务品质和声誉，吸引中高端消费人群加入平台，进而支撑商户的高价策略，以便从买方攫取更多的交易剩余。当平台的目标市场定位于中低端市场时，为了获取更多的交易剩余以及面对市场竞争的需要，采取低价多量的策略成为一种必然的选择。为了吸引更多的交易者加入以扩大市场规模，平台往往倾向于采取较为宽松的管理措施，因为过于严格的管理将会引发市场挤出效应，从而影响市场规模迅速扩张，进而影响平台企业利润的获取。

主体目标不一致，使得利用信息不对称的机会主义行为、道德风险等问题时有发生。信息技术为平台企业及商户开展网络经营、降低交易成本、提高交易效率提供了重要的技术支持，但掌握信息优势的平台企业和商户却可能利用大数据技术人为地制造信息不对称以攫取利润。这些行为往往更为隐蔽，处于治理的灰色地带，难以定性，从而给平台治理带来困难。例如，平台企业往往会利用大数据技术分析用户个人信息，向用户精准推送商品信息，实现个性化服务。但大数据的应用也可能被用于对消费者不利的方面，例如，一些消费者向中国消费者协会及相关市场监管部门投诉遭遇大数据"杀熟"，平台通过对用户信息的采集和分析，采取价格歧视策略，对在同一平台购买同一商品或服务的老用户收取更高的价格。平台企业则往往辩称不存在大数据"杀熟"的行为，新老客户价格的差异是对新用户的一种促销策略造成的。大数据"杀熟"从表面上看是平台企业对用户信息的过度采集和随意使用，更深层次上隐藏的是部分平台企业对用户个人信息保护、知情权、选择权和交易公平权的侵犯。

主体目标不一致，凸显单纯依赖平台企业进行市场治理的缺陷，平台企业作为市场主体，必然会把营利作为目标，与政府治理所提倡的社会福利最大化的出发点是不同的，必然会带来结果偏差。

8.2.2 治理结构不合理

1. 平台治理主体结构不合理

平台交易活动的复杂性、多样性和不确定性，决定了平台治理的复杂性和动态性，也决定了多元化社会力量多层次协同治理的必要性。政府和平台企业虽然在当前的治理当中居于主要地位，但无法替代其他社会组织在平台治理中的独特作用，而目前广大的平台交易者和社会组织在平台治理中存在着明显的不足。

2. 社会治理组织结构不合理

尤其是政府行政管理表现出跨部门、跨地区的特点，地方行政管理部门横向上属于地方政府管理，纵向上又分属于不同的上级主管单位，组织结构呈现"条""块"分割的现象，导致出现政出多门、职能交叉、多头管理、缺乏协调、互相推诿等问题。组织结构的不科学，造成了政府部门管理权限的模糊不清、行政效率的不高、"条""块"冲突以及协同机制有效衔接的不足。

8.2.3　治理边界模糊，权责不清

平台治理边界是各治理主体相互作用过程中形成的对治理客体施加影响的有效范围。确定了治理边界，即可明确各治理主体的职责和治理活动界限。当前的平台治理存在两个突出问题：一是过度行政干预。政府在传统商品交易市场中的行政干预思维常常被生搬硬套般地应用在虚拟交易平台的治理中，而忽视了网络市场的特性和市场自身的导向功能。有时片面地强调政府权威对市场的治理，反而会限制市场的作用。二是治理的滞后与不足。近年来虚拟交易平台不断创新商业模式，形成许多监管的灰色地带，且其治理涉及多个领域，非常复杂，平台的治理措施往往滞后于平台实践，存在许多不足之处。在治理实践中，过度的行政干预与治理不足并存，边界模糊不清是治理主体权责不清的根源。这也为当前平台治理提出新的命题：各治理主体都有着自身独有的内在治理逻辑，治理边界该如何确定并进行有效的衔接才能使各治理主体合作治理效率最大化？

8.2.4　社会信用体系建设滞后

虚拟交易平台为买卖双方交易提供了便利，降低了交易成本，却无法消除交易中的机会主义行为和道德风险。在虚拟交易平台中，利用信息不对称牟利的机会主义行为更具有隐蔽性，危害范围更广。交易者之间的信用关系缺乏社会信用体系的支持，个人的交易决策往往只能以平台提供的有限信息

以及他人的评价信息为依据，平台对交易者是否合法经营以及身份真实性的验证成本很高，平台往往会在交易者提供信息的基础上对交易者准入进行简单的判断和选择。社会信用体系的缺乏使他人无法提前得知交易者的信用情况，往往在交易矛盾冲突发生之后才能获知。此外，一些商户通过给消费者返现、骚扰、威胁等方式来确保其平台交易获得好评，阻碍了其他消费者对真实信息的获取。我国社会信用体系的不完善以及信用信息的缺失，使平台企业往往需要投入大量的治理成本来解决交易中的机会主义行为和道德风险事件，这直接影响了平台企业参与治理的积极性。

8.3 关于虚拟交易平台治理的思考与建议

笔者认为可以从以下几个方面着手解决当前虚拟交易平台治理中存在的问题。

8.3.1 构建一体化、动态化治理机制

从总体上看，我国平台治理尚处于初级阶段，新的多元主体协作治理模式尚未成熟，这与平台治理相关的协同治理机制缺乏不无关系。在当前信用体系不发达的情况下，治理重心应放在促进多元主体与政府部门建立一体化、动态化治理机制上。

1. 多维度考量各方诉求，协调各方利益，权衡治理成本和收益，完善多元主体参与治理的激励机制

通过正向激励机制（税收减免、信用评价、奖励等）和负向激励机制（负面清单、市场退出机制等），调动各方主体参与治理的积极性。正向激励、鼓励多元主体积极参与平台治理，有助于提升平台治理质量和效率。负向激励、控制多元主体过度的利益追求，有助于明确其社会定位。正向激励和负向激励制度的合理设计，有利于促进社会多元主体的功能协调，共同构建良好的平台治理环境。

2. 加强大数据在平台治理中的运用，构建动态化治理机制

政府作为重要的治理主体，应完善数字基础设施，建立跨部门、跨地区的协同机制，加强各部门的数据共享，促进协同工作能力的提升。构建政府与平台企业治理业务的联动机制，加强与平台企业在大数据应用方面的交流合作，利用大数据降低治理成本和防控风险、提升效率。积极动员社会力量共同参与治理，使政府能够在违法犯罪等事件发生时快速跟进，对交易者和平台企业进行直接管理。甚至也可以将部分行政监管的权力委托给平台企业，由平台企业对其平台上的违法行为进行及时制止、证据留存和报告，并积极配合政府部门的行政执法。

3. 完善平台治理的沟通、反馈和评估机制

在信息时代，社会主体都是信息的制造者和传播者，构建程序化、制度化的信息交流机制，开拓多元化的沟通、反馈渠道，有助于协调多元主体之间的利益冲突，形成一致的协同理念，进而在治理行为上与治理目标保持一致。此外，以"制度""机制"为导向构建系统性责任评估机制，对各治理主体的治理工作进行全面、客观、系统的考核、评估、规范，及时发现问题，纠正偏差，可以有效推进平台治理工作。

8.3.2　探索和明确平台的治理边界

治理一定有其边界，不然就容易变成随意管控，不仅无法达到最优的治理效率，还可能浪费社会资源，对社会产生不良影响。厘清平台治理的边界，有助于明晰各治理主体的权责范围，使治理行为有章可循。具体可从以下3个方面探索和明确平台治理边界：

1. 通过分类治理，探索不同类型的平台治理边界

在平台治理过程中，除要考虑对构成市场经济秩序的诸要素进行综合治理以外，还要针对不同的市场类型、不同行业以及不同类型的平台经济主体进行分类治理，并根据分类匹配相应治理手段。例如，对于平台企业治理效果良好的领域，政府应尽量避免"直接性"介入，可通过抽查、评估等"间接性"方式对平台企业治理的成效进行监督。对于平台治理失灵的领域，政府可在治理过程增加"直接性"介入手段，强力规范。

2. 激活多元主体参与平台治理的积极性，深入挖掘其治理潜力

政府应更多地从"直接管理"向"间接管理"转型，通过政策和规则，引导多元主体参与平台治理，促使其在自身治理逻辑允许的边界内尽可能地发挥作用。

一是鼓励和促进平台企业的技术创新和商业模式创新向治理领域扩散，鼓励平台企业制定更加公平、清晰、透明的平台交易规则，促进平台生态良性发展；规范和完善内部管理制度，为平台的稳定运行和政府的相关监管工作提供支撑。

二是培育多元化的参与主体。培育和发展社会组织，提高其合作能力与治理水平；在制度层面上，尊重和保护多元主体参与平台治理的独立性和平等性，拓宽多元主体的参与渠道，增加利益表达机会；构建多元主体参与治理的相关制度和沟通平台，明确多元主体参与平台治理的内容、程序和方式，通过配套激励机制解决各治理主体参与动力不足的问题。

3. 通过主动修正传统的治理边界，应对互联网环境变化带来的治理困境

第三方交易平台从传统交易平台到基于互联网的虚拟交易平台的发展变化，不仅是平台组织形态的转变，也在很大程度上改变了传统的平台治理边界。治理主体需要随着交易环境的变化及时调整治理边界，这体现出平台治理边界的动态性和阶段性。同时，我们也要看到，作为一种新生事物，人们的平台治理理念还有待提高。今后随着平台的发展成熟和平台治理理念的成熟，平台的治理边界也会相应调整。例如，对于处于萌芽阶段的初创平台，为鼓励和促进产业创新，除了安全、垄断、竞争秩序等问题需要重点治理，政府应尽量减少干预，而应充分发挥市场自身的调节机制。对于规模化发展的成熟平台，其市场涉及范围较广，社会影响较大，平台公共产品属性较强，应更新对成熟平台的认识和管理，注重其作为准公共产品提供者需承担的社会责任，鼓励平台企业根据其积累的成熟经验，参与行业标准或规则制定，便于政府加强规范化管理，从而完善平台治理。

8.3.3 推进监管服务平台的建设

为完善事中、事后监管，政府可以利用互联网、大数据、云计算等信息技术手段构建监管服务平台，通过工作流程的设计和优化，达成系统、部门之间的高效协作。明确平台企业的数据报送义务，监管平台企业数据获取、整理、加工和利用行为，推动信息共享。监管服务平台的建立，不但有助于推动政府监管机构职能的优化整合，科学配置平台治理的职责和资源，改变"政出多门"的传统治理弊端，而且可以提升政府与平台企业、交易参与者等多元主体信息交互的效率，提高治理的响应能力和协作能力。

8.3.4 加强和完善信用体系

信用体系是保障社会经济良性运行的重要机制，交易平台上存在着海量的主体和巨量的交易，构建信用体系是解决平台治理问题的一个有效途径。平台企业往往会在平台上构建信用评价体系和在线争端解决机制，但仍然难以从根本上解决"市场失灵"问题，主要原因在于社会整体信用基础薄弱。这需要从国家层面上加强和完善信用体系。建设社会信用体系，需要建立长效的信用激励和失信惩罚机制，从制度上提高失信者的机会成本。搭建公共联合征信系统平台，在法律制度规范下开放和共享特定的信用信息，助推各社会主体向信用主体发展，促进平台业态的健康发展。

8.4 本章小结

虚拟交易平台在迅速发展的同时带来了各种各样的治理问题，这些治理问题呈现数量大、涉及人数众多、时效性强、跨地区等特点，且其危害随着网络效应的扩散被进一步放大。传统的以政府部门为主的治理方式在虚拟交易平台中已难以适用，在当前经济社会背景下，激活并充分利用各相关主体的自组织管理能力，构建以"政府＋平台企业"为核心、多元主体共同参与的协同治理结构，成为虚拟交易平台治理的有效途径。

当前我国虚拟交易平台治理面临着主体目标不一致，治理结构不合理，治理边界模糊、权责不清以及社会信用体系建设滞后等问题。本文认为，加强虚拟交易平台治理应从以下几个方面着手：①构建一体化、动态化治理机制；②探索和明确平台的治理边界；③推进监管服务平台的建设；④加强和完善信用体系。

9 第三方交易平台发展的未来趋势

9.1 信息技术发展的新趋势

当前以及未来对经济生活影响较大的新技术有移动互联网技术、物联网技术、云计算技术和人工智能技术等，这些新一代的信息技术呈现网络互联的移动化和泛在化、信息处理的集中化和大数据化、信息服务的智能化和个性化发展趋势。

9.1.1 网络互联的移动化和泛在化

移动互联网正广泛应用于人们的生产生活，成为当前信息技术应用领域的热点。移动互联网是基于移动通信技术、广域网、局域网及各种移动信息终端，按照一定的通信协议组成的互联网络（杨路明等，2018）。用户通过移动设备（如手机、电子穿戴设备等）随时、随地访问互联网，进行商务、娱乐等网络活动，就是移动互联网的典型应用。移动互联网改变了互联网的接入手段和运营模式，使得人们可以随时、随地、随心地享受互联网业务带来的便捷。移动互联网是一种不同于 PC（个人计算机）互联网的新应用，为人类几千年来梦寐以求的个性化自由新生活提供了实现条件，使人们可以利用移动互联网进行个性化的学习、工作、娱乐等活动，由此也不断催生出新的基于移动互联网的业务形态、商业模式等。

物联网技术的出现使人们获得了一个新的沟通维度，即从互联网所能体现的任何时间、任何地点的人与人之间的沟通连接，扩展到了人与物、物与物之间的沟通连接，人类从此进入万物互联时代。智能工厂、智能家居乃至智能社区等，都是当前物联网的具体表现形式。泛在的物联网通过"智能模块"的"触角"来"感知"整个世界，获取和存储信息，使人与物、物与物"对话"和"交流"，进而实现了虚拟网络世界与现实世界的连接。

9.1.2　信息处理的集中化和大数据化

泛在的移动互联网和物联网在给人们带来便捷的同时产生了巨量的信息，云计算技术的实现使得挖掘、处理、存储信息的技术能力空前提高，成千上万的用户可以低成本地获得所需的计算能力和存储能力。在云计算技术的支持下，社会经济的发展将越来越多地取决于数据利用效率。显而易见，人类已经迎来"大数据"时代。社会经济活动产生的巨量信息自然含着非常高的信息熵，在传统的技术水平下人们难以对这些杂乱无章的信息进行处理。云计算技术的产生和应用，使得这些海量信息能够以极低的成本被处理和再次使用，从中提取有价值的信息，挖掘其中的经济价值并服务于人类的经济活动。

9.1.3　信息服务的智能化和个性化

人工智能是研究、开发用于模拟、延伸和扩展人的智能的理论、方法、技术及应用系统的一门新的技术科学，该领域的研究包括机器人、语言识别、图像识别、自然语言处理和专家系统等。人工智能的出现，使人类社会经济史第一次出现了生产工具或者劳动工具对人类意识、思维的信息过程模拟。可以预见，未来，机械性的、可重复的脑力劳动，甚至较为复杂的分析任务，都会由人工智能来完成。

9.2　第三方交易平台发展趋势展望

在以全球化、信息化为特征的新环境中，第三方交易平台组织市场交易的能力不断增强。

9.2.1 信息技术赋能更多平台场景，提升用户交易能力

第三方交易平台提供了使交易双方聚集并形成交易的基础平台，无论是虚拟空间还是实体空间，没有它，交易双方就会失去聚集并形成交易的根基。平台企业提供的空间和服务形成了交易达成的"小环境"，"小环境"的好坏将直接影响交易达成效率。新技术的应用目前已催生了电子试衣间、VR（虚拟现实）展示等一系列智能化应用，它们的不断出现和完善，使得现有以网页文字说明和商品图片展示这种二维的、平面信息为主的展示方式越来越难以满足人们日益增长的感官需求。未来平台将借助5G（第五代移动通信技术）、物联网、VR/AR（增强现实）等新技术的不断开发和应用，为交易者创设更多更为丰富的应用场景，以增强人们的购物体验。

平台作为信息技术的开拓者和应用者，通过新场景、新技术、新服务为交易双方赋能（如提升消费者体验、提升店铺的经营效率、降低商家的运行成本等），服务更加贴近人们的个性化定制需要，以满足人们的多样化需求，促进交易者交易能力提升，从而提升市场交易效率。

9.2.2 利用信息技术为创新创业活动提供开放性平台

在第三方交易平台，交易双方互动频繁，企业间竞争更加充分，创新层出不穷。第三方交易平台为创新创业提供了实验平台，降低了创新创业门槛。有学者指出，由于"模块化"和"互联网技术"的广泛应用，企业发生的成本中"设计成本"和"沟通成本"显著降低，单纯依靠"生产者创新"拓展至"用户创新"和"开放式协作创新"。第三方交易平台显然承担了这样的功能，各交易主体在平台上互相沟通，实现了知识共享、资源整合与协作创新。随着社会经济的发展，需求多样化带来交易不确定性的增强，面对市场不确定性，企业的创新成本不断增大。通过平台提供的信息服务与沟通渠道，企业与顾客之间可以在平台上充分沟通，企业基于顾客的需求进行定制生产和销售，从而使供需匹配更加有效率，且降低了创新行为可能面临的市场风险。

9.2.3 开放运营的组织管理

伴随着信息技术革命的不断深入，生产力不断提高，用户需求也不断丰富，人类变得更为自由，组织内外部变得更加平等、开放。

用户进出平台变得更加容易，因此，虚拟交易平台可以在短时间内聚集交易双方，同时，也可能由于经营不善而在短时间内失去交易者，且虚拟交易平台可以无限扩大，随着两边用户不断增加、走向正向循环，平台具有了"赢家通吃"的特性，这使得虚拟交易平台比以往更加关注交易用户的需求差异，以交易场景创建、交易者点评、个性化界面设计、信息资源分享等方式吸引用户，个体利益和整体利益有机融合，构建各方合作共赢的整体价值体系。为了践行"以用户为中心"的经营理念，平台企业内部组织变得更加弹性和扁平，呈现向平台型组织结构演变的趋势。个人与团队的力量在组织中被重视，灵活性、适应性和创新能力增强。

此外，为了加速发展并在市场中占得先机，平台企业在保持核心竞争力的前提下，更倾向于从外部获取能力和资源，或者采取开放、合作、共赢的战略，将自己的能力或者资源与外部进行低价甚至免费交换，以合作的方式获取外部力量支持，或者以收购或吞并的方式直接将外部重要资源纳入组织内部，以求平台快速发展壮大。

9.2.4 平台的生态化程度不断提升

平台生态圈是由平台利益相关者及相关事物构成的，利益相关者在生态圈中共同创造价值、共同演化，其发展好坏直接影响着平台模式的成败。在平台生态圈中，信息是重要的构成要素，是连接环境、平台、交易者和其他社会组织的纽带，是文化、观念、思维的载体。生态圈中关键群体通过信息互动形成网络效应，吸引更多的利益相关群体加入。因此，信息技术起着建构平台生态圈的作用，信息技术的发展和应用必将助力平台企业通过控制信息的流动带动生态圈中各参与者通过合作共生、共创价值与互相竞争来提高生态圈的动态演化能力，促进交易平台不断朝着有利于自身发展的方向演进。

移动互联网、物联网、云计算等技术的发展为此提供了便利，使生态圈各参与方的交互更加顺畅和有效。例如，云计算技术的应用使决策因为有了数据支持而变得更为科学和精准，能够最大限度地发掘数据背后所隐藏的价值，并促进市场交易优化；VR 的应用增强了用户体验。移动互联网、物联网等信息技术的发展和应用，必然促进大数据爆发性增长。人们通过云计算技术对大数据进行分析，能够发现各种隐藏在数据背后的真实生态，从而厘清生态圈万物之间的关系，并通过相关关系的应用寻找到一条整体的良性互动、共赢、协作且可持续发展的生态之道。

9.2.5　数据智能助力平台服务能力提升

近年来，人工智能相关学科理论和技术的快速发展，推动经济社会各领域从数字化、网络化向智能化飞跃。数据智能是在"第四届百度技术开放日"上提出的概念，指基于大数据引擎，通过大规模机器学习和深度学习等技术，对海量数据进行处理、分析和挖掘，提取数据中所包含的有价值的信息和知识，使数据具有"智能"，并通过建立模型寻求现有问题的解决方案以及实现预测等。[①]

数据智能将成为未来提升第三方交易平台服务能力的重要技术，平台将更易于使用更多的数据来提供增值服务；交易商户通过平台方提供的可视化数据进行决策，将使决策变得更为科学和透明，减小错误的发生频率。伴随着数据科学和计算能力的持续高速发展，数据智能终将推动平台商业模式走向新的智能商业范式。

9.3　本章小结

新一代的信息技术呈现出网络互联的移动化和泛在化、信息处理的集中

---

① 从搜索引擎说起，百度大数据面面观［EB/OL］．（2015 – 06 – 20）［2018 – 10 – 15］．http：//www. 360doc. com/content/15/0620/19/16788185_ 479444983. shtml.

化和大数据化、信息服务的智能化和个性化发展趋势。新技术的应用使得第三方交易平台组织市场交易的能力不断增强，未来将在以下几个方面发挥更大的作用：①信息技术赋能更多平台场景，提升用户交易能力；②利用信息技术为创新创业活动提供开放性平台；③开放运营的组织管理；④平台的生态化程度不断提升；⑤数据智能助力平台服务能力提升。

参考文献

一、中文文献

埃文斯，2016. 平台经济学：多边平台产业论文集 ［M］. 周勤，赵驰，侯赟慧，译. 北京：经济科学出版社.

白景坤，罗仲伟，2015. 组织的变与不变："目标—结构"框架下的组织演进研究 ［J］. 经济与管理研究，36（12）.

博伊索特，2005. 知识资产：在信息经济中赢得竞争优势 ［M］. 张群群，陈北，译. 上海：上海人民出版社.

常荔，邹珊刚，2000. 知识管理与企业核心竞争力的形成 ［J］. 科研管理（2）.

陈宏彩，邓蓉敬，2003. 市场秩序治理模式初探 ［J］. 中共青岛市委党校. 青岛行政学院学报（1）.

陈宏民，2007. 网络外部性与规模经济性的替代关系 ［J］. 管理科学学报（3）.

陈威如，余卓轩，2013. 平台战略 ［M］. 北京：中信出版社.

陈小勇，2017. 产业集群的虚拟转型 ［J］. 中国工业经济（12）.

陈洋，薛君，王允楠，等，2013. 基于双边市场的 B2C 团购平台竞争策略分析 ［J］. 西安邮电大学学报，18（4）.

程军，2003. 电子交易市场的形成原因研究 ［D］. 杭州：浙江大学.

承文，2015. 创新型企业知识管理 ［M］. 北京：机械工业出版社.

樊晓军，李从质，2018. 科层制组织向平台化组织转型比较研究 ［J］.

商业经济（9）.

盖伦，赵清斌，2013. 双边市场理论的研究进展：一个文献综述［J］. 哈尔滨商业大学学报（社会科学版）（5）.

郝斌，任浩，2007. 组织模块化及其挑战：组织形态演进的思考［J］. 商业经济与管理（9）.

何泽腾，2015. 电商平台集聚的网络外部性机理与效应分析［J］. 商场现代化（21）.

洪涛，2013. 中国商品交易市场 30 年［M］. 北京：经济管理出版社.

胡春，2015. 网络经济学［M］. 北京：清华大学出版社，北京交通大学出版社.

简兆权，刘晓彦，李雷，2017. 基于海尔的服务型制造企业"平台＋小微企业"型组织结构案例研究［J］. 管理学报，14（11）.

江若尘，2004. 大企业利益相关者问题研究［M］. 上海：上海财经大学出版社.

帕克，埃尔斯泰恩，邱达利，2017. 平台革命：改变世界的商业模式［M］. 志鹏，译. 北京：机械工业出版社.

金祥荣，柯荣住，1997. 对专业市场的一种交易费用经济学解释［J］. 经济研究（4）.

井润田，赵宇楠，滕颖，2016. 平台组织、机制设计与小微创业过程：基于海尔集团组织平台化转型的案例研究［J］. 管理学季刊，1（4）.

科斯，2008. 企业的性质［M］//威廉姆森，马斯滕. 交易成本经济学：经典名篇选读. 北京：人民出版社.

李成钢，2017. 韩都衣舍：量化赋权管理［J］. 企业管理（12）.

李广乾，陶涛，2018. 电子商务平台生态化与平台治理政策［J］. 管理世界，34（6）.

李允尧，刘海运，黄少坚，2013. 平台经济理论研究动态［J］. 经济学动态（7）.

李震，王新新，2016. 平台内网络效应与跨平台网络效应作用机制研究

［J］. 科技进步与对策，33（20）.

梁晗，费少卿，2017. 基于非价格策略的平台组织治理模式探究：以阿里巴巴电子商务平台为例［J］. 中国人力资源开发（8）.

刘峰，2006. 经济选择的秩序［M］. 上海：上海交通大学出版社.

刘启，李明志，2009. 非对称条件下双边市场的定价模式［J］. 清华大学学报（自然科学版），49（6）.

刘天祥，2017. 中国商品交易市场运行学［M］. 长沙：中南大学出版社.

刘芸，2010. 网络营销与策划［M］. 北京：清华大学出版社.

孟昌，翟慧元，2013. 网络产业组织中的双边市场研究：文献述评［J］. 北京工商大学学报（社会科学版），28（1）.

孟凡新，2015. 共享经济模式下的网络交易市场治理：淘宝平台例证［J］. 改革（12）.

穆胜，2018. 释放潜能：平台型组织的进化线路图［M］. 北京：人民邮电出版社.

钱平凡，钱鹏展，2017. 平台生态系统发展精要与政策含义［J］. 重庆理工大学学报（社会科学），31（2）.

屈燕妮，2018. 平台组织与内部创业支持：基于海尔的案例研究［J］. 中国流通经济，32（9）.

曲振涛，周正，周方召，2010. 网络外部性下的电子商务平台竞争与规制：基于双边市场理论的研究［J］. 中国工业经济（4）.

任兴洲，2000. 中国商品市场［M］. 武汉：湖北人民出版社.

任兴洲，2016. 供给侧结构性改革与商品交易市场的转型发展［J］. 中国流通经济，30（6）.

申尊焕，龙建成，2017. 网络平台企业治理机制探析［J］. 西安电子科技大学学报（社会科学版），27（4）.

斯密，1974. 国民财富的性质和原因的研究［M］. 北京：商务印书馆.

陶希东，刘思弘，2013. 平台经济呼唤平台型政府治理模式［J］. 浦东开发（12）.

汪存富，2017. 开放创新和平台经济：IT 及互联网产业商业模式创新之道［M］. 北京：电子工业出版社.

王鲁滨，2012. 企业信息化建设：理论·实务·案例［M］. 北京：经济管理出版社.

王俐，周向红，2018. 平台型企业参与公共服务治理的有效机制研究：以网约车为例［J］. 东北大学学报（社会科学版），20（6）.

王明春，2017. 平台化组织模式时代［J］. 企业管理（3）.

汪旭晖，张其林，2016. 平台型电商企业的温室管理模式研究：基于阿里巴巴集团旗下平台型网络市场的案例［J］. 中国工业经济（11）.

王昭慧，忻展红，2010. 双边市场中的补贴问题研究［J］. 管理评论，22（10）.

王雪峰，2016. 商品交易市场发展及相关监管制度建设问题研究［M］. 北京：中国社会科学出版社.

闻中，陈剑，2000. 网络效应与网络外部性：概念的探讨与分析［J］. 当代经济科学（6）.

吴义爽，张传根，2015. 平台市场的产业组织研究：一个跨学科文献述评［J］. 科技进步与对策，32（6）.

吴义爽，王节祥，2017. 平台组织、战略与产业发展［M］. 北京：经济管理出版社.

胥莉，陈宏民，潘小军，2006. 消费者多方持有行为与厂商的兼容性选择：基于双边市场理论的探讨［J］. 世界经济（12）.

徐鹏杰，2017. 互联网时代下企业竞争范式的转变：从竞争优势到生态优势：以韩都衣舍为例［J］. 中国人力资源开发（5）.

杨冬梅，2008. 双边市场：企业竞争策略性行为的新视角［J］. 管理评论（2）.

杨凤，2015. 顾客价值与电子商务网站竞争优势研究［M］. 武汉：武汉大学出版社.

杨立新，2016. 网络交易规则研究［J］. 甘肃社会科学（4）.

杨路明，陈曦，2018. "互联网＋"战略及实施［M］. 重庆：重庆大学出版社．

杨小凯，2003. 经济学：新兴古典与新古典框架［M］. 北京：社会科学文献出版社．

伊特韦尔，米尔盖特，纽曼，1996. 新帕尔格雷夫经济学大辞典［M］. 北京：经济科学出版社．

袁家方，曲德森，1990. 市场经济秩序［M］. 北京：海洋出版社．

余晓勤，2018. 大数据背景下的网络消费者行为初探［J］. 现代营销（下旬刊）（5）．

杨晓松，2016. 企业生死大转型［M］. 北京：民主与建设出版社．

翟姗姗，2008. 网络效应与网络外部性研究［J］. 现代商贸工业（4）．

张春霖，1991. 企业组织与市场体制［M］. 上海：上海三联书店．

张敬博，席酉民，葛京，等，2019. 平台组织产品创新网络模式研究：来自海尔平台创新的案例［J］. 科技进步与对策，36（8）．

张群群，1999. 论交易组织及其生成和演变［M］. 北京：中国人民大学出版社．

张伟东，2009. 商品交易市场经营管理［M］. 北京：中国经济出版社．

周德良，杨雪，2015. 平台组织：产生动因与最优规模研究［J］. 管理学刊，28（6）．

朱良杰，何佳讯，黄海洋，2018. 互联网平台形成的演化机制：基于韩都衣舍的案例研究［J］. 管理案例研究与评论，11（2）．

二、外文文献

ARMSTRONG M，WRIGHT J，2007. Two-Sided Markets，Competitive Bottle-necks and Exclusive Contracts［J］. Economic Theory，32.

CAILLAUD B，JULLIEN B，2003. Chicken & Egg：Competition among Inter-mediation Service Providers［J］. The RAND Journal of Economics，34（2）．

BALDWIN C，HIPPEL E V，2011. Modeling a Paradigm Shift：From Producer Innovation to User and Open Collaborative Innovation [J] . Organization Science, 22 (6) .

DOGANOGLU T, WRIGHT J, 2006. Multihoming and Compatibility [J] . International Journal of Industrial Organization, 24 (1) .

DOGANOGLU T, WRIGHT J, 2010. Exclusive Dealing with Network Effects [J] . International Journal of Industrial Organization, 28 (2) .

EVANS D S, 2011. Some Empirical Aspects of Multi-sided Platform Industries [J] . Review of Network Economics, 2 (3) .

KNIGHT F, 2013. Risk, Uncertainty and Profit [M] . Delaware: Vernon Press.

FOERDERER J, KUDE T, SCHUETZ S W, et al. , 2019. Knowledge Boundaries in Enterprise Software Platform Development: Antecedents and Consequences for Platform Governance [J] . Information Systems Journal, 29 (1) .

GREIF A, MILGROM P, WEINGAST B R, 1994. Coordination, Commitment, and Enforcement: The Case of the Merchant Guild [J] . Journal of Political Economy, 102.

HAGIU A, WRIGHT J, 2015. Multi-sided Platforms [J] . International Journal of Industrial Organization, 43.

KATZ M L, SHAPIRO C, 1985. Network Externalities, Competition, and Compatibility [J] . The American Economic Review, 75 (3) .

POOLSOMBAT R, VERNASCA G, 2006. Partial Multihoming in Two-Sided Markets [Z] . Discussion Paper in Economics, University of York.

ROCHET J, TIROLE J, 2004. Defining Two-Sided Markets [Z] . Working paper, IDEI University of Toulouse.

ROCHET J, TIROLE J, 2006. Two-Sided Markets: A Progress Report [J] . The RAND Journal of Economics, 37 (3) .

ROCHET J, TIROLE J, 2002. Cooperation Among Competitors: Some Economics of Payment Card Associations [J] . The RAND Journal of Economics, 33 (4) .

RYSMAN M, 2009. The Economics of Two-Sided Markets ［J］. The Journal of Economic Perspectives, 23（3）.

SPULBER D F, 2019. The Economics of Markets and Platforms ［J］. Journal of Economics & Management Strategy, 28（1）.

CHEUNG S N S, 1983. The Contractual Nature of the Firm ［J］. The Journal of Law and Economics, 26（1）.

SZILAGVI A D, WALLACE M J, 1983. Organizational Behavior and Performance ［M］. California: Goodyear Publishing Company.

WRIGHT J, 2004. The Determinants of Optimal Interchange Fees in Payment Systems ［J］. The Journal of Industrial Economics, 52（1）.

YANG X K, NG Y, 1995. Theory of the Firm and Structure of Residual Rights ［J］. Journal of Economic Behavior & Organization, 26（1）.

YANG X K, BORLAND J, 1991. A Microeconomic Mechanism for Economic Growth ［J］. Journal of Political Economy, 99（3）.

YOUNG A A, 1928. Increasing Returns and Economic Progress ［J］. The Economic Journal, 38（152）.